Eurus
Notus
Boreas
Zephyrus
立石博高
Hirotaka Tateishi
スペイン史10講
JN052966

岩波新書
1896

目　次

巻頭地図１ 「大陸と大洋の四つ辻」

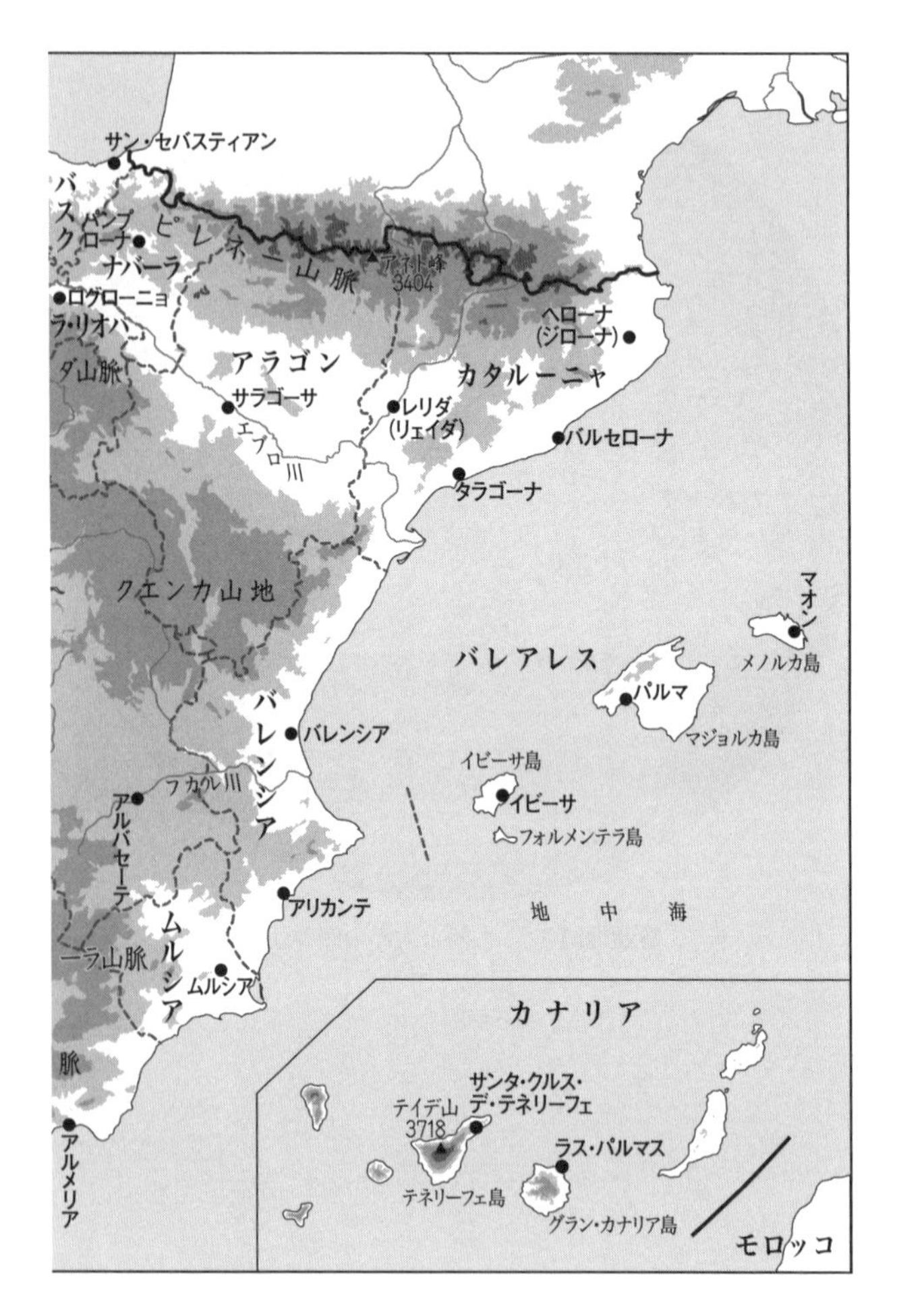

サン・セバスティアン
バスク
パンプローナ
ナバーラ
ピレネー山脈
アネト峰
3404
ログローニョ
ラ・リオハ
アラゴン
サラゴーサ
エブロ川
ヘローナ
(ジローナ)
カタルーニャ
レリダ
(リェイダ)
バルセローナ
タラゴーナ
クエンカ山地
マオン
メノルカ島
バレアレス
パルマ
マジョルカ島
バレンシア
バレンシア
イビーサ島
イビーサ
フォルメンテラ島
フカル川
アルバセーテ
アリカンテ
地中海
ムルシア
ムルシア
カナリア
サンタ・クルス・
デ・テネリーフェ
テイデ山
3718
ラス・パルマス
テネリーフェ島
グラン・カナリア島
モロッコ
アルメリア

イベリア半島の地形

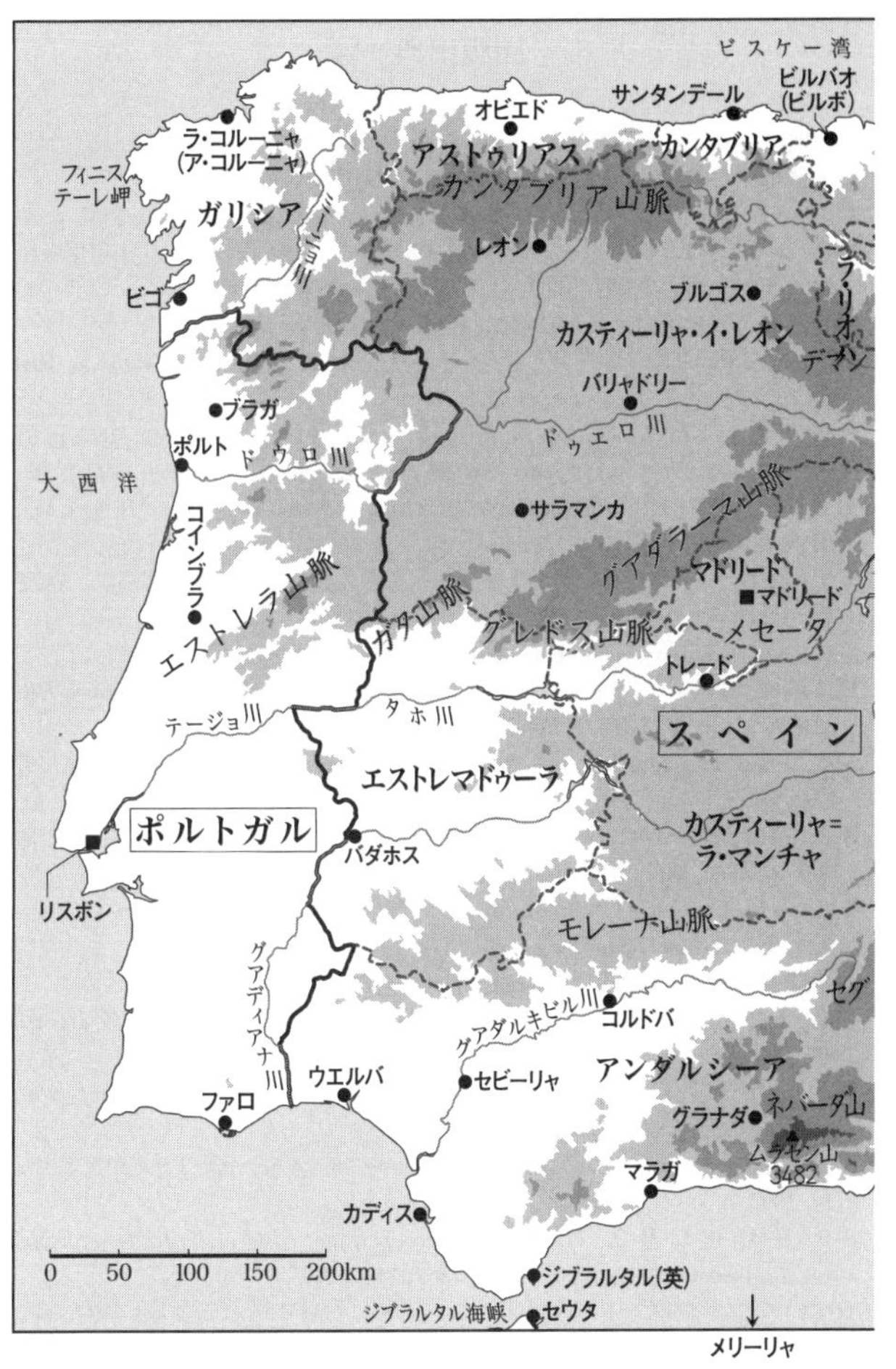
ビスケー湾
ビルバオ
(ビルボ)
サンタンデール
オビエド
カンタブリア
アストゥリアス
カンタブリア山脈
ラ・コルーニャ
(ア・コルーニャ)
フィニス
テーレ岬
ガリシア
ミーニョ川
レオン
ブルゴス
ラ・リオハ
ビゴ
カスティーリャ・イ・レオン
バリャドリー
ブラガ
ドゥエロ川
ポルト
ドウロ川
大西洋
サラマンカ
コインブラ
グアダラーマ山脈
マドリード
マドリード
エストレラ山脈
ガタ山脈
グレドス山脈
メセータ
トレード
テージョ川
タホ川
スペイン
エストレマドゥーラ
ポルトガル
バダホス
カスティーリャ＝
ラ・マンチャ
リスボン
モレーナ山脈
グアディアナ川
コルドバ
グアダルキビル川
アンダルシーア
ウエルバ
セビーリャ
ファロ
グラナダ
ムラセン山
3482
マラガ
カディス
0
50
100
150
200km
ジブラルタル(英)
ジブラルタル海峡
セウタ
メリーリャ

巻頭地図 2

図版出典一覧

巻頭地図 1……Wikimedia Commons の地図を加工して作成.
第 1 講扉，1–2，2–2，2–3，第 3 講扉，第 9 講扉……123RF
1–1……A. Ubieto Arteta, *Historia Ilustrada de España*, vol. 1, Debate, 1997, p. 25.
1–3，2–4，3–1，6–1……立石博高編『スペイン・ポルトガル史』山川出版社, 2000 年，39 頁，79 頁，97 頁，184 頁の地図を参考に作成.
第 2 講扉，第 8 講扉，第 10 講扉，10–2……Getty Images
2–1……G. Ripoll/I. Velázquez, *Historia de España 6, La Hispania Visigoda*, Historia 16, 1995, p. 119.
3–2……A. Ubieto Arteta, *Historia Ilustrada de España*, vol. 3, Debate, 1997, p. 63.
3–3……E. Kedourie (ed.), *Spain and the Jews*, Thames and Hudson, 1992, p. 98.
第 4 講扉，4–3……G. Parker, *Imprudent King: A New Life of Philip II*, Yale U. P., 2015, 図版 18, 図版 21.
4–1，4–4……ヘンリー・ケイメン『スペインの黄金時代』立石博高訳，岩波書店，2009 年，xii 頁，x–xi 頁の地図を加工して作成.
4–2，6–3，6–5……Wikimedia Commons
第 5 講扉，5–1……J. Brown/John H. Elliott, *A Palace for a King: the Buen Retiro and the Court of Philip IV*, Yale U. P., 2003, pp. 64–65, p. 155.
5–2……Ch. E. Kany, *Life and Manners in Madrid, 1750–1800*, AMS Press, 1970, 図版 68.
5–3，第 6 講扉，6–2……ホセ・ロヘリオ・ブエンディーアほか『プラド美術館』大髙保二郎ほか訳，岩波書店，1997 年，111 頁，193 頁，517 頁.
6–4……M. Capel, *La Carolina, Capital de las Nuevas Poblaciones*, C. S. I. C., Instituto de Estudios Giennenses, 1970, 口絵 .
第 7 講扉……メトロポリタン美術館デジタル画像
7–1，7–2……『アサヒグラフ別冊 ゴヤ』朝日新聞社，1988 年，図版 57，図版 58.
7–3，7–4……J. M. Jover/G. Gómez-Ferrer, *Historia Ilustrada de España*, vol. 7, Debate, 1997, p. 132, p. 137.
8–1……J. G. Pecharromán, *Historia de España 26, La Segunda República*, Historia 16, 1997, p. 7.
8–3，8–4，9–1，9–2，10–1……C. Seco Serrano, *Historia Ilustrada de España*, vol. 10, Debate, 1998, p. 30, p. 39, p. 56, p. 49, p. 105.
10–3……立石博高・中塚次郎編『スペインにおける国家と地域』国際書院，2002 年，57 頁の地図を参考に作成.
10–4……NACHO CUBERO/EUROPA PRESS/GAMMA/アフロ

作図　前田茂実(巻頭地図 2，1–3，2–4，3–1，4–1，4–4，6–1，8–2，10–3)，編集部(巻頭地図 1)

第*1*講

「スペイン」の歴史の始まり

黎明期〜4世紀

メリダ(バダホス県)のローマ劇場

前 80 万	イベリア半島にホモ・アンテセソールが居住
前 5000	新石器時代
前 3000	イベリア人が居住
前 1200	半島南部が地中海交易圏に参入
前 1000	ケルト人，半島に到来
前 800	フェニキア人，ガディル(現カディス)建設
前 700	タルテッソス王国の繁栄
前 227	カルタゴ，カルタゴ・ノウァ(現カルタヘーナ)建設
前 201	ローマ，第 2 次ポエニ戦争でカルタゴに勝利
前 197	ローマ，属州ヒスパニア・キテリオル，ヒスパニア・ウルテリオル設置
前 154	ルシタニア戦争(〜前 139)
前 153	ヌマンティア戦争(〜前 133)
前 16/15	アウグストゥス，ヒスパニアを 3 属州に再編
後 73/74	ウェスパシアヌス，ヒスパニア全土の先住民都市にラテン権授与
5 世紀初め	ゲルマン人，ヒスパニア進出開始

1　イベリア半島の地政学的位置

大陸と大洋の四つ辻

フランスのスペイン史家ピエール・ヴィラールは、スペインがその五分の四を占めるイベリア半島の地理的特徴を簡潔に述べている。「〔半島は〕アフリカとヨーロッパの、大西洋と地中海の間に位置する四つ辻、出会いの場である。たしかに、へんに起伏のある四つ辻であり、ほとんど障壁ともいえるものだ。だが、出会いの場であることに変わりはなかった」。

面積は日本の約一・六倍、約五九万平方キロで、「雄牛の皮」に喩えられるこの半島は北東部でフランスと接するが、幅約四三〇キロにわたるピレネー山脈の峰々が南北の横断を難しくしている。半島南西部とアフリカ大陸に挟まれる海峡の最も狭い部分は、約一四キロに過ぎない。一方で半島は地中海と大西洋に広く開けており、地中海世界や大西洋を越えた世界との結びつきを有利にしている。

海岸線は約四一〇〇キロで、谷に海水が侵食した複雑な海岸が多く沿岸平野も少ないために、半島は凝縮した塊の様相を帯びるが、平均高度の高い内陸部（メセータと呼ばれる高原台地）は数々の山脈によって分かたれ、航行可能な河川も乏しく、近代的交通網が展開するまでこの塊はいくつかの地域に寸断されていた。こうした地理的形状は内部に顕著な自然環境のコントラストをもたらした。大きく分けると、大西洋側の湿潤な環境、地中海側の乾燥した環境、内陸部の大陸性の環境である。

こうした地理的特徴をもつ半島には、ヴィラールの言葉を借りれば、「はるか昔から、さまざまな人間と文明が入り込み、対立しあい、その痕跡を残している」。つまり、地域ごとに異なる様々な生活様式が生まれ、多様な言語と文化が現代も息づいているのがイベリア半島なのだ。

したがって、西部に位置するポルトガルがコンパクトな「ネーション(国民共同体)」を中世盛期に築いたのに対して、残る諸地域に形成された様々な王国・領国を包摂してできたスペインについては、近代から現在までの歴史の中で、「単一ネーション」なのか、「多元的ネーション」なのか、「諸ネーションからなるネーション」なのか、それとも「ネーションではなくステイト(政治的国家)」なのか、といったネーションを巡る対抗が続いてきた。二一世紀に入ったいまなお、スペインは地域的多様性の統合問題に苦しんでいると同時に、その多様性を梃子に新たなネーション像を切り拓く可能性を秘めている。

境域のイベリア半島

今日スペインは、EU(ヨーロッパ連合)の主要加盟国であり、ヨーロッパの一員であることに疑いはない。しかし、一六世紀にオランダの人文主義者エラスムスが、半島中央部のアルカラ大学に招聘されたとき、セム的要素(中世スペイン社会に及ぼしたユダヤ人やアラブ人の言語文化的影響)が多い辺境の地には行きたくないと断ったのは有名な話であるし、近代に入っても「アフリカはピレネーから始まる」という言葉が繰り返され、一九世紀ヨーロッパのロマン主義はオリエンタリズムの眼差しでスペイン南部地域をみていた。一方、近世初頭にスペイン帝国はヨーロッパに覇権をふるったものの、近代化の遅れのなかでつねに「ヨーロッパ化」がスペインにとっての大きな課題とされた。

こうした現象を理解するには、イベリア半島がヨーロッパ大陸の南西端に位置し、ヨーロッパとアフリカの境域として歴史を繰り広げてきたことに注目しなければならない。キリスト教世界の典型とされた西ヨーロッパは、早くにユダヤ教徒の放逐を完了してしまっていたし、境域に位置したスペインとは異なってイスラーム教徒と直接に対峙する必要もなかった。一方スペインは、ようやく一五世紀末にレコンキスタ(再征服。国土回復運動ともいう)を達成してイスラーム勢力を排除し、ユダヤ教徒(キリスト教への改宗を拒んだユダヤ人)の追放も行なって宗教的統一を達成した。スペインの地では、キリスト教徒、イスラーム教徒、ユダヤ教徒の間の対立と共存の歴史が七〇〇年にもわたって繰り広げられてきたのである。

すでに半世紀前にA・カストロは、中世の三宗教の共存とその後の非キリスト教徒排除のなかで生じた精神的葛藤に、特殊スペインの本質をみることができると唱えた。これに対してC・サンチェス・アルボルノスは、早くも古代のローマ化の時代にスペイン人はつくられ、その後の流れは西ヨーロッパと軌を一にしたと反駁した。ここでは「本質」の議論には立ち入らないが、スペインの歴史過程を考察するには、キリスト教世界とイスラーム世界の境域であるという地政学的位置のゆえに生起する諸問題を看過してはならないだろう。

なお、ポルトガルとスペインというイベリア半島の二つの国が「大航海時代」の始まりを担ったという事実も、この半島が大西洋に開かれているということ、つまりアフリカとアメリカへの航路開拓の可能性をもつという地理的優位を抜きにしては考えられない。

2　先史時代のイベリア半島

旧石器時代と新石器時代

人類がアフリカ大陸で誕生したというのは定説だが、ヨーロッパ大陸への定住時期に関しては、二〇世紀末にイベリア半島で大きな発見があった。アタプエルカ山脈(ブルゴス県)で化石人骨が発見されて、ホモ・ネアンデルターレンシスに先行するホモ・アンテセソール(先駆けるヒト)と名づけられた。およそ八〇万年前の最古の人類種が、半島の最初の居住者だったのである。

爾来、アフリカに隣接する地理的位置のゆえにヒトの移動が繰り返された。旧石器時代後期(三万五〇〇〇~五〇〇〇〇年前)には、現在の人類(ホモ・サピエンス)によるものと思われる洞窟・岩壁芸術が半島の各地に出現した。なかでもカンタブリア山脈沿いのアルタミーラの洞窟壁画(一万五〇〇〇年前頃)は天井岩の隆起をうまく利用しており、石器時代芸術の傑作とされる。半島東部では、亜旧石器時代(一万～五〇〇〇年前)に岩壁芸術が栄え、狩猟や祭式舞踊などの場面が数多く描かれている。人類は早くもこの頃に事物を様式化して描き、物語を展開していたことが分かる。

イベリア半島は前五〇〇〇年頃から新石器時代に入る。中東からの文化的潮流が西地中海に到達したのがおもな理由とされる。当然、この時代の最初の段階は地中海沿岸部で展開した。重要な遺跡はバレンシア沿岸に見られ、カルディウム(貝文)土器が発達した。

新石器時代には動物の飼育が始まったとされ、前三〇〇〇年頃には定住農耕が現れている。この頃になると遺跡は平野部に見られるようになり、集落周辺の墓地には整理された墓穴が現れる。墓穴からは威信を表徴する財が発掘されており、ある種の社会階層区分が存在したことがうかがえる。こうした墓穴で有名なのが、ボビラ・マドゥレル遺跡(バルセローナ県)である。

1-1　ロス・カバーリョス洞窟(カステリョン県)の狩猟場面を描いた壁画

金属器の時代

前三〇〇〇年頃から、半島には新たな展開が見られる。銅の、続いて青銅の冶金である。加えて食糧供給において農耕の役割が高まり、定住集落が形成された。ロス・ミリャーレス（アルメリア県）がその代表的遺跡で、周囲を壁で囲まれた遺跡からは銅製の斧やナイフなどが出土している。また釣鐘を逆さにした形状の釣鐘型容器も発見されているが、この形状の土器はヨーロッパ各地に広がっていたことから、金属の交易にともなう地域間交流がうかがえる。さらに、大掛かりな埋葬を行なうための巨石墓が各地にみられるようになった。

前一七〇〇年頃に主な金属が銅から青銅へと代わったことは、エル・アルガール文化（アルメリア県）によって裏付けられる。この文化は、アリカンテ県からグラナダ県までの半島南西部に大きく広がっている。これらの集落の墓には家財道具のほかに武器が埋葬されていることから、有力な首長のいる戦士社会の形成があったと考えられる。またモントーロ（コルドバ県）でエーゲ文明のミケーネ式土器が発見されていることから、前一二〇〇年頃には半島南部は地中海交易圏に入っていたことが分かる。

西地中海に浮かぶバレアレス諸島には、きわめて特徴的な巨石文化が出現した。タライヨ（囲い地の側面保護の塔）、タウラ（T字型の台）、ナベタ（船を伏せた形の石塁）といった独特な様式の巨石建造物である。タウラの用途は不明であるが、ナベタは埋葬儀礼に使われたと考えられる。

前二千年紀末には、イベリア半島にさまざまな民族が到来するようになった。東部沿岸にはフェニキア人、ギリシア人、カルタゴ人が地中海を渡ってやってきた。半島北部にはピレネー山脈を越えてインド・ヨーロッパ語族がやってきて、ガリシアやアストゥリアスに定住してカストロ(丘上城塞集落)文化を発展させた。インド・ヨーロッパ語を基層とする人びとは、鉄に関する知識を持ち込み、農耕と牧畜を営んだとされる。骨壺のなかに遺灰を保管する火葬墓文化も彼らによって広められた。

3　古代地中海世界とイベリア半島

地中海からの人びとの渡来

前一千年紀に入ると、地中海諸民族の交易・植民活動が盛んになった。半島南部は、銅、銀、金を豊富に産出し、さらに錫が半島北西部や海を渡ったブリテン島で産出されていたからである。「錫の道」は青銅の需要が高まるにつれて重要性を増した。

最初に半島南西部に植民市群を築いたのは、東地中海を故地とするフェニキア人であった。ガデガディル(現カディス)に町を造ったのは伝承では前一一〇四年だが、前八世紀には商業拠点になっていたようである。こうしてこの地域にはオリエント文明の影響が強く及ぶようになった。

さらに前六世紀には、ギリシア人の活動が半島の地中海沿岸に広く及んでいる。北東のエンポリオン(ジローナ県)から南のマイナーケ(位置不詳)まで数々の寄港地が設けられた。その後、カルタゴ人が西地中海一帯に勢力を拡大して、フェニキア人の植民活動を継承した。その拠点としてはエビユソス（イビーサ島）やビリャリコス（アルメリア県）があった。

タルテッソス

古代ギリシアの歴史家たちは、半島南西部に豊かな王国タルテッソスがあったと史料に残している。聖書に現れる地名「タルシシュ」との関連も古くから指摘されているが、これは明らかでない。いずれにせよ、半島南部のグアダルキビル川流域の先住民共同体が、フェニキア人の経済活動に刺激されて強固な政治体を築いたとされる。「非常に繁栄した市場があり、ケルトの地から川を下って運ばれてくる大量の錫、そして金や銅で溢れている」（前四世紀の歴史家エポロス）と記述されたように、豊かな鉱物資源を背景にタルテッソスは、フェニキア人の交易システムのなかで繁栄した。しかしフェニキア人が地中海世界から後退すると、この繁栄も終わった。カランボーロ（セビーリャ県）などから金銀をあしらった華麗な財宝が発見されているが、中核となったはずの都市遺構はいまだ発掘されていない。

イベリア人とケルト人

先住のイベリア人（トゥルデタニア人、バセタニア人、エデタニア人、ライエタニア人などの総称）は主として小麦、オリーブ、ブドウを基盤とする農耕経済に従事していたが、半島の東部と南部にはフェニキア人、ギリシア人、カルタゴ人との接触のなかで冶金や金銀細工などの工芸活動を発達させ、文字を使う人びともあらわれた。ストラボン『地理書』（前一世紀）によれば、トゥルデタニア人は「イベリア人のなかで最も文化水準が高い」とされ、「古来の記憶を記した文書、詩、韻文で書かれた法典」をもっていた。

イベリア人社会に有力な戦士貴族が存在したことは、前四世紀のものとされる「エルチェの貴婦人像」や「バサの貴婦人像」が武器や道具類とともに発見されたことから分かる。これらの考古遺物はイベリア芸術の代表とされている。

一方、その他の半島地域には、ケルト人(バクセオ人、ルシタニア人、カルペンタニア人、ケルティベリア人)が集団に分かれて割拠していた。中部に住んだケルティベリア人は、ケルト人とイベリア人の混交と考えられる。ケルト人は部族制的な社会組織をつくり上げ、牧畜や貧しい農耕で生計を立てており、その工芸製品や道具類は洗練さに欠け、文字をもたなかった。

それぞれの文化的特徴も大きく異なっていて、北西部ほどインド・ヨーロッパ語族由来の文化的要素が存続し、東南部に向かうほどイベリア的要素が強まった。南部のイベリア人と比べると北部の人びとは、未開人と映っていた。同じくストラボン『地理書』によれば、「山に住む人びと」は質素な生活を送り、「交易関係をもたないことから、彼らには社交性と人間性が育まれていない」のであった。後述するように、地中海沿岸部から始まるローマの半島征服は、約二〇〇年の歳月を要した。

1-2 エルチェの貴婦人像(マドリード国立考古学博物館)

西地中海のカルタゴ

カルタゴはフェニキア人が北アフリカに建設した植民市に起源をもつが、前四世紀にはフェニキア人に代わって通商国家として大きな勢力となった。イベリア半島への進出は、当初は交易拠点の確保に限られていた。しかし、第一次ポエニ戦争(前二六四〜二四一年)でローマに敗北してシチリア、サルデーニャを失ってからはイベリア半島への本格的進出に転じた。

ハミルカル・バルカの指揮下に半島南部から中部、東部へと支配地域を拡大し、その娘婿ハスドルバルはカルタゴ・ノウァ(現カルタヘーナ)を建設して首都とした。半島に関心をもつローマはその勢力拡大を牽制して、エブロ条約(前二二六年)でカルタゴはイベルス川(現エブロ川)を越えないという約束を取り付けた。

しかし前二二一年、ハミルカル・バルカの長子ハンニバルがカルタゴ軍の最高指揮官となると、半島諸部族に戦争をしかけ、前二一九年、ローマの同盟都市であったサグントゥム(現サグント)を攻撃して陥落させた。これを契機に第二次ポエニ戦争(前二一八〜二〇一年)が始まった。ハンニバルは兵を率いてガリア(現在のフランスと周辺に広がる地域)からアルプスを越えてイタリアに侵入し、数次の戦いでローマに勝利した。

一方ローマは、グナエウス・スキピオの軍団をイベリア半島に侵攻させた。グナエウスは弟プブリウスとともに攻勢に転じ、前二一二年頃にはサグントゥムを奪回した。だが前二一一年にグナエウスとププリウスが戦死して、ローマの作戦は失敗した。あらためてローマはププリウスの息子（大スキピオ）を一万の兵とともに半島に送り込んだ。大スキピオはエブロ川からカルタゴ・ノウァに急進して、この首都を陥落させた。首都奪還の効果は大きく、先住民の多くがカルタゴから離反して、ローマ軍は戦勝を重ねた。前二〇六年、カルタゴはイベリア半島から駆逐され、前二〇二年にハンニバルはザマの戦いで敗れ、ローマとの講和を結んだ。

第二次ポエニ戦争に勝利したローマはイベリア半島を傘下におさめたとされるが、実態とはかけ離れている。前一九七年、半島に二つの属州（プロウィンキア）を設置して、ヒスパニア・キテリオル（近スペイン）とヒスパニア・ウルテリオル（遠スペイン）と呼んだ。だがその支配地域は、前者はエブロ川流域とレバンテ地方沿岸に、後者はグアダルキビル川流域に限られており、半島全体を制圧するのは容易でなかった。

4　ローマ帝国と「ヒスパニア」の形成

ローマによる征服

古代に半島は「イベリア」と呼ばれていたが、ローマ人は半島の支配領域を「ヒスパニア」（おそらくフェニキア語に由来）と呼んだことから、支配領域の拡大に伴ってこの言葉はイベリアと同義に使われるようになった。これを語源として「エスパーニャ」というスペイン語が生まれるが、近世に入るまでは半島全体をさす言葉であって、ポルトガルを除く領域国家「スペイン」を意味してはいなかったことに注意したい。

ローマの支配を受け入れようとしない現地諸部族の反乱は、前一九年にいたるまで繰り返し起こった。早くも前一九七年にキテリオル属州総督が戦死し、前一九五年にはマルクス・ポルキウス・カトーが強力な軍団を率いてレバンテ地方を席巻した。ローマは実効支配のための組織化にはまだ関心が薄く、金や銀の収奪に力点が置かれていて、その後も反乱にはその都度対処するだけであった。一方で、肥沃な土壌をもつ南部には植民市(コロニア)の建設が始まった。前一七一年、イタリア半島外で最初の植民市がカルテイア(カディス県)に建設されて、退役兵が入植した。

前二世紀半ばになると、ローマ軍は中央部メセータの制圧に乗り出したが、これは諸部族の反乱を招いた。その主なものはウルテリオルのルシタニア戦争と、後述するキテリオルのヌマンティア戦争である。ルシタニア人は前一五四年に反乱を起こした。前一三九年にはウィリアトゥスが指導者となって再び反乱を拡大させたが、仲間の裏切りで彼が命を落とすと戦争は終結した。

ルシタニアはポルトガルの古名となるが、現在のポルトガルとスペインの国境域を含む地域で、ウィリアトゥスの生地は定かでない。二〇世紀のサラザールとフランコの独裁体制の正史は、外部からの侵攻に対する現地住民の抵抗のシンボルとして、それぞれにウィリアトゥスを顕彰している。

前一世紀になるとイベリア半島におけるローマと現地住民との争いは小規模になったが、ローマ人どうしの抗争が激しくなった。前八二年にキテリオル属州総督となったクィントゥス・セルトリウスは、半島を政敵スッラへの対抗拠点にして、ヒスパニア住民の支持も集めたが、前七二年に暗殺された。

その後、共和政ローマは激動の時代を迎える。カエサル、ポンペイウス、クラッススによる協調体制（いわゆる第一回三頭政治）が崩壊し内乱になると、ヒスパニアも再び抗争の舞台になった。前四五年、カエサル自らが軍隊を率いて反抗する属州総督の抑え込みにかかり、ムンダ（現オスーナ）の戦いで勝利を収めた。カエサルの暗殺（前四四年）後はその養子オクタウィアヌスが西方属州を管轄することになり、マルクス・アントニウスを破って第二回三頭政治を終わらせた。この前三八年は公式の属州ヒスパニア平定の年とされ、ヒスパニア暦が設けられた。ヒスパニア独自のこの暦は、カスティーリャ王国では一三八三年まで使われていた。

前二七年、すべての内乱に勝利したオクタウィアヌスは、アウグストゥスの称号を得て帝政を開始した。彼はイベリア半島全土の征服に着手して、北部地域のカンタブリア人とアストゥリアス人の部族を降伏させ、前一九年、全土のローマ支配を達成した。第二次ポエニ戦争からおよそ二〇〇年が経過していた。

ヌマンティアの包囲

時代を少し前に戻そう。ヌマンシアの町はカスティーリャ北東部のソリア県に位置し、その郊外にかつてのヌマンティアがあった。ヌマンティア戦争は、この地に先住していたケルティベリア人がローマの支配に繰り返し抵抗した反乱で、前一五三年に始まり前一三三年に終わった。最後はカルタゴ市を破壊したスキピオ・アエミリアヌス(小スキピオ)による一年にわたる包囲戦となり、ヌマンティア城塞は、ローマ軍が周囲に築いた七つの要塞を結ぶ高い壁で完全に包囲された。最後の段階でローマ軍が投入した兵力は六万人で、籠城していたケルティベリア人は二五〇〇人であった。抵抗していた人びとのほとんどが飢餓に追い詰められて自決し、残ったものは奴隷としてローマに送られたという。小スキピオはこの功績により「ヌマンティヌス」の称号を与えられた。

この出来事は伝承とされていて、場所の特定さえ長くなされなかった。中世レコンキスタのなかではケルティベリア人がスペイン人と同一視され、その悲劇が叙事詩的に謳われた。この流れのいわば頂点となるのが、セルバンテス(一五四七～一六一六)の戯曲『ヌマンシアの包囲』(一五八三年)で、勝者ローマは侵略者で、敗者ヌマンシアは祖国愛に満ち溢れた犠牲者として描かれた。

その後もヌマンシアは、スペイン人の犠牲的愛国心を称える格好の材料となって、左右を問わず英雄的国民像の称揚に利用された。一九世紀には国民史学(ナショナル・ヒストリー)が歴史遺産を国民史のなかに入れ込む作業が進み、一八八二年、ヌマンシアの遺跡は国定史跡に指定され、一九〇五年には国王臨席のもとに同地で記念碑が除幕された。

1-3　ローマ時代のヒスパニア

ローマ属州ヒスパニア

ローマは現地住民の目立った反乱を抑えることに成功したとはいえ、実効支配を実現するにはイベリアの領土と住民の再編が不可欠であった。アウグストゥスの時代にはヒスパニアは、西部のルシタニア、南部のバエティカ、東部のタラコネンシスの三つの属州に分かたれた。三世紀末にはディオクレティアヌスによって、ガリア道長官の下にヒスパニア管区は五つの属州とされた。ルシタニア、バエティカ、ガラエキア、タラコネンシス、カルタギネンシスである。

アウグストゥスはローマ軍団に道路を建設させて、北からタラコを経てカルタゴ・ノウァに至るアウグスタ街道を築いた。これは後にコルドゥバ(コルドバ)からガデス(カディス)まで延びて、半島の経済的ネットワークを強化した。退役兵が入植する植民市建設が進み、従来の都市は自治都市(ムニキピウム)として発展した。都市の発展は市壁、神殿、劇場、広場、橋や水道橋の建設を伴った。世界遺産として有名なメリダの劇場、セゴビアの水道橋などローマ時代の遺跡がスペイン各地にみられる。

属州の経済的重要性が高まり、先住民のローマ化が進行すると、一世紀末にウェスパシアヌスは、先住民都市のすべてにラテン権(もともとはローマとのラテン同盟参加都市に限って与えられた権利で、都市公職者はローマ市民権を獲得)を与えた。これによって有力者は漸次ローマ市民権を得る道を獲得して、ローマとの一体化をさらに強めた。パクス・ロマーナ(ローマの平和)を実現したローマ帝国は、共和政期あるいは帝政初期のようなローマ人が特権階級を構成した時代から、属州各地の有力者が属州エリートとなって支配に参画する体制へと変わっていたが、ヒスパニアにおいても然りであった。しかも繁栄するヒスパニアの出身者がローマで活躍し始めていた。護民官、執政官にとどまらず、「五賢帝」に数えられるトラヤヌス、ハドリアヌスなどヒスパニア出身の皇帝も誕生した。

ヒスパニアの経済的繁栄

半島の征服・植民が進むなかで、ローマの経済制度がヒスパニアに定着した。ラティフンディウム(大土地所有)の形成、多くの土地の私有制、奴隷労働力の使用、生産と商品交換の中心としての都市、貨幣の使用などである。とくに南部バエティカの諸都市ではローマ的生活が営まれ、コルドゥバは「小ローマ」の異名をとった。

農業と牧畜業が現地住民の主たる経済活動であったが、休耕や灌漑の技術が導入されて農業生産性は高まり、バエティカのオリーブ栽培はコルドゥバやヒスパリス（セビーリャ）を栄えさせた。オリーブ油はアンフォラ（陶製の容器）に入れてローマに船で運ばれた。ローマ市内からはヒスパニア由来のアンフォラの陶片が大量に出土している。

現在カルタヘーナ（旧カルタゴ・ノウァ）の港には水中考古学博物館が設置されているが、その展示を見ると半島とローマのあいだの地中海交易の重要さが分かる。オリーブ油に加えて、ガルム（魚醤）や魚の塩漬けもローマで愛用されていた。

だがローマ帝国の繁栄をもたらしたヒスパニア最大の産物は鉱山資源で、その採掘は基本的に皇帝直轄であった。半島北西部のラス・メドゥラスで産出された金は総計九六万キログラムもの量に達したと推計される。さらに、カルタゴ・ノウァ周辺やシエラ・モレーナでは銀を、アルメリアやアストゥリアスでは銅を、アルマデンでは水銀を産出している。

ローマ帝国の危機

三世紀に入るとローマ帝国は、皇帝が乱立して存亡の危機に立たされた。西ではゲルマン人の侵入、東ではサーサーン朝ペルシアとの戦争があり、帝国の地域間交易は困難となった。大掛かりな征服事業は終わり、奴隷に依拠した生産制度も維持できなくなった。皇帝の支配権が属州におよばない状況で、現地支配者たちは傭兵を用いてローマからの独立性を高めた。

属州ヒスパニアでは三世紀後半に、ゲルマン系のフランク人とアラマン人の破壊的な侵攻があった。とくに東岸部の都市の打撃は大きく、バルキノ、タラコの襲撃はすさまじかった。都市の経済と生活が混乱すると、諸州では貨幣流通が乏しくなり、自給自足的状態が各地に生まれた。農業が主要な経済活動となり、荘園(ウィラ)が重要となった。周りを壁に囲まれた荘園は、安全な居住空間として、農業労働と庇護の空間として機能したのである。

四世紀末になるとゲルマン諸族の侵入・移住が相次いで、ローマ帝国の西半分の崩壊が進行した。イベリア半島には五世紀初め、ヴァンダル人、スエヴィ人、アラン人が侵入して、タラコネンシスをのぞくほとんどの地域が侵入者の支配下に入った。三九五年のテオドシウス帝没後、帝国は二人の子による東西の分割統治となった。西ローマ帝国を委ねられたホノリウスは、この侵攻を押しとどめようと、西ゴート人と協定を結び、ローマの同盟者としてイベリア半島に迎え入れた。しかし、ヒスパニア諸地域を防御し統制するはずの西ゴート人は独立性を強めて、独自の王国を築くことになる。西ローマ帝国は、四七六年に瓦解した。

属州ヒスパニアの文化とキリスト教

ヒスパニアは、先述したようにローマに政治家を送り出しただけではなく、文化人も輩出した。帝政期には、ネロ帝の師として有名なストア派哲学者のセネカ、修辞学者のクィンティリアヌス、詩人のルカヌスなどヒスパニア出身者は枚挙にいとまがない。キリスト教の普及の進んだ帝政末期には、キリスト教詩人プルデンティウス、聖職者で歴史家のオロシウスなどを輩出した。

ローマ化は、ラテン語、ローマの宗教、ローマの法制度を半島にもたらし、ヒスパニアの人びとに「ヒスパノ・ローマ人」という意識を醸成した。キリスト教の普及と教会組織の確立は、ローマ文化圏のヒスパニアという意識をさらに強めたと考えられる。しかしその過程は遅々としたものであって、紀元一世紀とされる聖ヤコブや聖パウロの布教は史実とは言い難いし、聖ペトロが派遣したとされる「七人の伝道者」の活動も後に大きく脚色されたものである。

ただ、キリスト教(ローマ・カトリック)は三世紀後半にはかなりの浸透をみたと考えられる。アリウス派を異端としたニカエア公会議(三二五年)で主席をつとめたのはコルドバ司教ホシウスであった。四世紀にはエルビラ(現グラナダ)とカエサル・アウグスタ(現サラゴーサ)で教会会議が開かれた。四世紀末にはアビラ司教プリスキリアヌスの説教が、道徳的逸脱として異端とされた。

もっとも、ローマ化とキリスト教の普及を過度に捉えてはならない。北西部のガリシアやアストゥリアスには、古くからのケルト系の神々への信仰が根強く残った。スペインとフランスの境域に位置するバスク地方(パイス・バスコ、以下はバスクと略記)はラテン語の影響もほとんど受けず、先印欧語のバスク語がいまも根付いている。

第2講

西ゴート王国からアンダルスへ

5世紀〜15世紀

アルハンブラ宮殿(グラナダ)のライオンの中庭

415	西ゴート人，半島に侵入
418	西ゴート王国建国，首都トロサ(現トゥールーズ)
507	西ゴート，ヴイエの戦いでフランク王国に敗北
589	西ゴート王国全体の改宗宣言，アリウス派からカトリックになる
625	この頃までに半島南部から東ローマ領消滅
654	「西ゴート法典」公布
711	イスラーム勢力，半島に進出．西ゴート王国滅亡
722	コバドンガの戦い
756	後ウマイヤ朝成立
880	イブン・ハフスーンの乱(～928)
929	アブド・アッラフマーン3世，カリフを宣言
1031	後ウマイヤ朝滅亡
1086	ムラービト朝，アンダルスに進出
1150頃	ムワッヒド朝，アンダルスに進出
1212	ラス・ナバス・デ・トローサの戦いでキリスト教徒連合軍，ムワッヒド朝に大勝
1238	ナスル朝のムハンマド1世，グラナダを支配
1482	カトリック両王，グラナダ戦争開始
1492	グラナダ王国の滅亡

1　西ゴート王国

西ゴート人の半島への進出

四一五年、南下してイベリア半島に入った西ゴート人は南部のヴァンダル人を攻撃した。敗れたヴァンダル人はアフリカに渡り、カルタゴを首都としてヴァンダル王国を建国したが、五三四年に東ローマ帝国に滅ぼされた。東ローマ軍はアフリカ側の地中海沿岸に展開して、五五五年には半島南部を占領した。

西ゴート人は四一八年、ガリア南部のトロサ（現トゥールーズ）を首都として建国したが、南ガリアにとどまらずヒスパニアに勢力を拡大して、五世紀後半には北西部のスエヴィ王国を除く地域を支配下に収めた。また四七六年には西ローマ帝国が滅亡して、各地のゲルマン部族王国の統治は自己完結的になった。西ゴート王国も然りで、五〇七年にヴイエの戦いでフランク王国に敗北してガリアの支配権をほとんど失った。以後、西ゴート王国はほぼイベリア半島のみを支配する王国となった。

しかし西ゴート王の即位は伝統的に選挙制に依っていたために、王家の支配は安定しなかった。六世紀前半に七人の王が立つが、うち五人が廃位ないし暗殺されている。さらに、六世紀までの混乱は、大きくは二つの要因に依っていた。

一つには、支配者西ゴート人は、被支配者であるヒスパノ・ローマ人に比べて圧倒的に少数だったことである。この頃、ヒスパノ・ローマ人は四〇〇万〜六〇〇万だったが、西ゴート人は二〇万程度だった。多数者の統治は旧ローマ系官僚に委ねられていて、「寄生的支配者」だったのである。ちなみに、西ゴート人にはゲルマン法が、ヒスパノ・ローマ人にはローマ法が適用されていた（属人法主義）。

二つには、西ゴート人はアリウス派のキリスト教を信仰しており、ゴート語での礼拝が行なわれていたのに対し、大多数を占めるヒスパノ・ローマ人は以前よりローマ・カトリックを信仰していた。カトリックにとって、三位一体説を認めないアリウス派は異端であり、すでに全国的に教会管区が整備されていたヒスパニア教会を、西ゴート人がその支配基盤とすることは不可能であった。

西ゴート王権の確立

所属する民族集団によって適用される法律が異なる「属人法」の状態を解消することは、王国のまとまりの実現にとって不可欠だった。それが解消されたのはようやく六五四年のことであった。前年に即位したレケスウィント王が、初の属地法として「西ゴート法典」を公布したのである。一二編からなる法典は冒頭に「一つの身体・一つの頭・一つの魂」という比喩を掲げて、王国と王と法の一体性を謳っていた。この法典は中世スペインに受け継がれて、「フエロ・フスゴ（裁判法典）」として用いられることになる。

「二重国家」の状態は宗教でも同様であり、より深刻であった。六世紀後半のレオヴィギルド王は、五六八年に内陸部のトレードを首都に定めて西ゴート王国の支配を拡大したが、息子ヘルメネギルドの反乱は宗教政策をめぐる対立を内包していた。レオヴィギルドを継いで即位したレカレドは、ついにカトリックへの改宗を決断した。五八九年、第三回トレード公会議が召集され、王国全体のカトリック改宗が宣言されたのである。

ここに法と宗教の分裂は解消して、王国の統一が大きく進んだ。アリウス派の典礼が行なわれなくなるとゴート語も消滅に向かった。とは言っても、北西部のスエヴィ王国併合は五八五年、マラカ(現マラガ)に拠点を置く東ローマ軍の駆逐はようやく六二五年のことであった。その後も北部には、バスク人やカンタブリア人など、なかば自立した民族が存在した。また半島には一世紀からユダヤ人が移り住み、彼らはユダヤ教を信奉していた。

2-1　サンタ・マリア・デ・キンタニーリャ・デ・ラス・ビニャス聖堂(ブルゴス県)の「二人の天使とキリスト」の浮彫

カトリック改宗後の西ゴート王国ではカトリック教会の力が強く、「神権政治」が行なわれていたと評された。神の権威を過度に重視すべきではないが、不安定な王権は王国統治にあたって、聖職者の影響力を巧みに利用しなければならなかったのである。六三三年の第四回トレード公会議では「王位継承の規定」が決められて、王の選出に当たっては有力者と聖職者の協議が必要とされた。さらに六五三年以後、トレード公会議は世俗的問題も扱う「王国会議」となった。

カトリック国教化は、異教たるユダヤ教の抑圧につながった。上述の「西ゴート法典」第一二編第二章では、ユダヤ教に由来する習俗や儀礼を厳禁している。六九四年の第一七回トレード公会議では、「ヒスパニアのユダヤ人全員を永久に奴隷とする」と宣言した。やがて七一一年にイスラーム勢力が半島を席巻すると、反ユダヤ法に苦しめられていたユダヤ人は、信仰の自由を保障する新たな支配者を歓迎した。

イシドルス・ルネサンス

六世紀から七世紀にかけてカトリック教会が西ゴート王国の支配者層に浸透するうえで、聖職者たちの果たした役割は大きい。なかでもトレード公会議で活躍した司教たちは、国王と親密な関係を築き、知の伝播に大きく貢献した。第三回トレード公会議で主席司教を務めたレアンデルは、支配者層のアリウス派放棄を決定づけ、ローマ教皇グレゴリウス一世とも親交を結んだ。

教会知識人として最も有名な人物は、レアンデルの弟であるセビーリャのイシドルス(五六〇頃〜六三六)である。彼はシセブート王の師であったし、多くの著作をものした。『ゴート・ヴァンダル・スエヴィ王国史』は民族移動期からの半島の歴史を伝える貴重な史料であり、『語源誌』は古典古代の知識を集成した百科事典として、中世にいたるまで広く読み継がれた。合わせて第四回トレード公会議の主席司教を務めて、カトリック教会の組織整備に尽力した。

さらにサラゴーサ司教ブラウリオ、トレード司教イルデフォンソなど、イシドルスに関わりのあった聖職者が活発な著作活動を行なった。彼らの活動は、八世紀末から九世紀初めにかけてのカール大帝のもとでのカロリング・ルネサンスに先立つ文芸復興運動として、「イシドルス・ルネサンス」と称される。

美術工芸品や建築に関しては、全貌を摑むのは難しい。トレードなどの主要都市は重層的に歴史が展開していったために発掘が難しいのである。サン・フアン・デ・ロス・バニョス教会(パレンシア県)などの遺物からは単純化されたモティーフの抽象的美が好まれたと推測される。またグアラサール(トレード県)で出土した宝飾品は、王権とカトリック教会の強い結びつきをうかがわせる。

2　イスラームの進出とアンダルスの形成

イスラーム勢力の拡大

七世紀前半にアラビア半島で興ったイスラーム教は、世紀後半のウマイヤ朝期には急速に東西世界に広まった。そして七一一年、ジブラルタル海峡を渡ったイスラーム勢力(アラブ人とベルベル人)は、数年でイベリア半島のほぼ全域を支配下に収めた。一万数千人の軍隊がこの勝利を得たことには二つの要因があった。一つには、西ゴート王国が内紛状態にあって防衛戦を組織できなかったこと。二つには、各地の貴族や有力者と寛容な協定を結んで屈服させたこと。西ゴート貴族は大半の所有地の保持が許され、住民には身体と財産の保証、キリスト教信仰の維持が認められた。

こうした措置はイベリア半島に限られたことではなかった。アラブ人は中東全域からエジプト、マグリブ（エジプト以西の北アフリカ）へと拡大する中で、征服した地域の先住民たちを庇護民（ジンミー）として扱い、イスラームへの改宗を強要しなかった。ただし異教徒にはイスラームの権威への従属と人頭税（ジズヤ）の支払いが要求された。こうした措置は、広大な地域を支配する権力が異なる宗教＝法共同体の存在を容認する必要から生まれたもので、個人的権利としての信教の自由の保障とは関係ないことに注意したい。同様の措置はやがて、レコンキスタによるキリスト教諸国の拡大過程においてもみられる。

こうして少数者のイスラーム教徒がキリスト教徒やユダヤ教徒の上に君臨する「アンダルス」（アル・アンダルスとも。イスラーム支配下のヒスパニア地域）の歴史が始まった。時がたつと、イスラーム社会での安泰や社会的上昇を目的にイスラームに改宗するキリスト教徒も増えていった。アンダルスのキリスト教徒は「モサラベ」と、改宗者たちは「ムワッラド」（スペイン語でムラディー）と呼ばれた。

イスラーム教徒はさらにピレネーを越えて勢力圏を拡大しようとしたが、七三二年、フランク王国のカール・マルテルに阻まれて断念した。また七二二年にアストゥリアスのコバドンガでペラーヨに敗北を喫するが、後述するようにこの戦闘は小競り合いに過ぎなかった。半島北部は西ゴート王権にも敵意を抱いていたバスク人、アストゥリアス人、カンタブリア人の世界であって、イスラーム教徒はあえて兵力を投下して、入植が困難な地域を制圧しようとはしなかった。そこでアンダルスは、おおよそドゥエロ川流域より南に限定されることになった。

アンダルスの支配者層

新たな支配者となったイスラーム教徒は決して一様ではなかった。支配エリートのアラブ人は肥沃な半島南部や東部に土地を獲得したが、北アフリカ先住民であったベルベル人は概して半島中部や北部の土地を分与された。アラブ人の間でも北アラブと南アラブの部族対立が内包されていた。さらに、七四一年にはベルベル人反乱の鎮圧のために北アフリカに派遣されたシリア人のうち七〇〇〇人が半島に到来して、旧来の征服者たる「土地の者たち」の権益を脅かした。

このように八世紀中ごろまでアンダルスは、アラブとベルベル、「土地の者たち」とシリア人、そして南北アラブといった幾重にも入り組んだ対立を抱えていた。しかもアンダルスは、ダマスクスを首都とするウマイヤ朝の広大な版図の最西端に位置する辺境地域であった。七一四年から七四九年の間に一九人ものアミール（総督）が派遣されたが、統治は安定しなかった。多種多様な被支配者（モサラベ、ムワッラド、ユダヤ人）に君臨するイスラーム教徒も多種多様で、絶えず紛争が起こっていたからである。

2-2　コルドバのモスク（メスキータ）

後ウマイヤ朝の成立

七五〇年にダマスクスのウマイヤ朝が崩壊しアッバース朝に王朝が交代すると、瓦解した王家の生き残りであるアブド・アッラフマーン（一世）はアンダルスに逃れて権力を掌握し、七五六年、アミール国としての独立を宣言した（後ウマイヤ朝の成立）。以後、一〇世紀に入るまでコルドバを首都とする独立のアミール国が八代にわたって続くが、その軍事力はベルベル人傭兵とサカーリバ（スラブ人などのヨーロッパ人奴隷）に依存していた。アッバース朝に倣ってワジール（大臣）とハージブ（侍従）を中心とした支配体制が整備され、地方の主要都市には忠臣たちが配置された。

国家組織を整備したアブド・アッラフマーン一世は、八世紀末にはコルドバのモスク建設に着手した。このモスク（メスキータ）は一〇世紀後半までに順次増築されて現在の威容を誇るようになる。その二重の馬蹄型アーチの連なり（円柱の森）は、訪れる人を魅了する（一九八四年にスペインで最初の世界遺産となる）。

九世紀半ばのアブド・アッラフマーン二世の時代には、さらにアッバース朝を範として行財政機構の整備が進んだ。アンダルスから東方に遊学して法学の知識を持ち帰る者たちも出てきて、メデイナの法学者マーリク・ブン・アナスの影響が強まると、マーリク派法学者たちを巧みに政治体制に取り込んだ。この頃、バグダードから移った音楽家ジルヤーブの音楽が、宮廷を中心に大きく広まった。

しかしコルドバのアミールによる地方貴族の統制は次第に困難となった。民族的・宗教的に複雑なアンダルスでは、中央権力に反発する反乱が相次いだ。サラゴーサのカシー家などは、イスラームとキリスト教の狭間の辺境地域で事実上の独立を保っていた。

さらにコルドバ・アミールが直接に臣民から徴税する傾向を強めると、地方のムワッラド貴族や農民の反発を招いた。イブン・ハフスーンの乱(八八〇～九二八年)はその一つであったが、彼が八九九年にキリスト教に改宗すると民族的・宗教的性格も帯びることになった。

アンダルスのイスラーム化

九世紀になると旧西ゴート臣民のイスラーム化が進行し、アラブ征服者の言語・生活文化を取り入れる者たちが増加した。西ゴート時代以来のラテン語やその口語としてのロマンス語よりもアラビア語を日常的に話すモサラベや、イスラームに改宗してムワッラドとなる者も増えていった。一方でアンダルスのアラビア語口語は、ベルベル語やロマンス語の単語を取り入れてアンダルス・アラビア語ともいうべきものとなった。

首都コルドバでは最もアラブ化・イスラーム化が進んだ。九世紀後半、この地には、ムハンマドを侮辱して自ら処刑されることを望む「殉教者」が断続的に出現した。かつては、キリスト教徒によるこの「殉教運動」は過酷なイスラーム支配への抵抗運動と位置付けられた。だが、この運動を煽動し自らも処刑されたエウロギウスが記しているように、その基本的動機は自ら進んでアラブ化・イスラーム化していく同胞への強い反発と宗教的危機意識だった。

八世紀から一〇世紀には三宗教の啓典の民が平和裏に共存したという「アンダルス神話」は、退けられなければならない。自治を享受していたとはいえ、キリスト教徒とユダヤ人は、イスラーム教徒の下の被支配者であり、前二者は税制上の負担がより重く、イスラームの教義を批判することは許されなかった。そしてこの時期に、キリスト教徒のイスラームへの改宗は着実に進行したのである。

3　イスラーム諸王朝の繁栄

コルドバのカリフ国

アブド・アッラフマーン三世(在位九一二～九六一)の即位によって、コルドバ・アミール国の政治情勢は一変した。彼は反抗するムワッラドの鎮圧に努め、ボバストロ城(マラガ)の制圧に成功した。イブン・ハフスーンと息子の遺体を掘り起こして、コルドバの街角に曝した。九二九年、バグダードとの結びつきを解消し、イスラームの宗教上の首長であるカリフを宣言した。

後ウマイヤ朝がこの時期にカリフを称したのには理由があった。アッバース朝のカリフに対抗して北アフリカに興ったファーティマ朝が自らカリフを名乗っており、マグリブにおける勢力争いに勝って在地ベルベル人の支持を得るためには、ファーティマ朝と同様の権威づけが必要であったからである。マグリブの西部地域は、アブド・アッラフマーン三世の息子ハカム二世がその取り戻しに成功した。続くヒシャーム二世は幼くして即位したが、侍従のマンスールが実質的な最高権力者となり、軍事遠征を断行してアンダルスの版図を最大にした。こうして、カリフという宗教的な最高権威を自称した後ウマイヤ朝のコルドバ・カリフ国は、一一世紀初頭まで、アンダルスの歴史で最も輝かしい時代を現出した。

コルドバ・カリフはイスラーム的統治理念を前面に出してナーシル（信仰の擁護者）を名乗り、ムワッラド官僚に代わってウマイヤ家家臣やアラブ人、ベルベル人官僚を積極的に登用した。北部キリスト教諸国への軍事遠征を繰り返し、正規軍に加えてサカーリバを中心とする傭兵でカリフ軍を増強した。

政治的安定とともに主要都市は大きく成長した。首都コルドバは多くの富や物が集まる経済都市として、バグダードに匹敵する都市となり一〇万を超える人口を擁した。多くの知識人が集まる文化都市ともなり、その大図書館は約五万冊の書物を所有していたとされる。コルドバ近郊に建てられたマディーナ・アッザフラーの遺構は、この王宮都市の往時の繁栄を物語る。

2-3　アブド・アッラフマーン３世が造営した王宮都市マディーナ・アッザフラーの遺構

マンスールが一〇〇二年に没して、息子のムザッファル、そしてアブド・アッラフマーン（通称サンチュエロ）が実権を握ろうとするが、宮廷では党派対立

ターイファ時代

が激化した。一〇三一年には後ウマイヤ朝は崩壊し、地方勢力は次々と独自の政権を樹立した。アンダルスは第一次ターイファ（群小諸王国）時代に突入したのである。

コルドバでは、マンスール時代に到来したベルベル軍団の「新ベルベル人」、もともとのアンダルス人、そしてサカーリバの対立が激化して、市内は荒廃した。マディーナ・アッザフラーやマディーナ・ザーヒラといった郊外の壮麗な宮殿も徹底的に破壊された。

二〇以上のターイファのなかで主たるものは、上辺境区のサラゴーサ、中辺境区のトレード、下辺境区のバダホスを中心とした王国で、アンダルス南部においてはセビーリャ王国がコルドバを凌ぐようになった。グラナダには新ベルベル人が、バレンシアにはサカーリバが王国を創設した。それぞれに競い合うターイファ諸王は離合集散を繰り返し、北部のキリスト教諸国にパーリア（軍事貢納金）を払うことで独立を維持していた。

こうした状況の中、北部のキリスト教諸国は、アンダルスの混乱に乗じてレコンキスタを進め、後述するように一〇八五年に、カスティーリャ＝レオン王アルフォンソ六世がトレード再征服を実現した。この陥落は、バダホス、セビーリャ、グラナダの諸王に危機意識を抱かせ、対岸マグリブのムラービト朝に救援を要請させることになった。

ムラービト朝とムワッヒド朝

一〇世紀のコルドバ・カリフ国の繁栄によって、アンダルスとマグリブ地方の関係は強まっていた。ムラービト朝は一一世紀前半のイブン・ヤーシーンを精神的指導者とするイスラーム改革運動に起源をもち、首都マラケシュを中心に北はジブラルタル海峡にまで広がっていた。イブン・ヤーシーンはコルドバで学んでいたが、ムラービト朝指導者はこのアンダルスのマーリク派法学者を歓迎した。

ターイファ諸王からの救援要請を受けたムラービト朝ユースフ・ブン・ターシュフィーンはジブラルタル海峡を渡り、一〇八六年にサグラハスでアルフォンソ六世に勝利するが、その後のターイファ諸王の態度に不信を抱き、彼らの一掃に乗り出した。強い聖戦意識をもったベルベル人は、アラゴン王アルフォンソ一世のサラゴーサ占領（一一一八年）は阻止できなかったものの、レコンキスタを押しとどめ、一一四〇年代に入るまでアンダルスをその帝国に組み込んだ。

しかし長年にわたる駐屯は大きな財政的負担を要した。臨時税の徴収はムラービト朝へのアンダルス住民の批判を強め、習俗の異なるベルベル系遊牧民の兵士との軋轢も顕在化した。この頃には

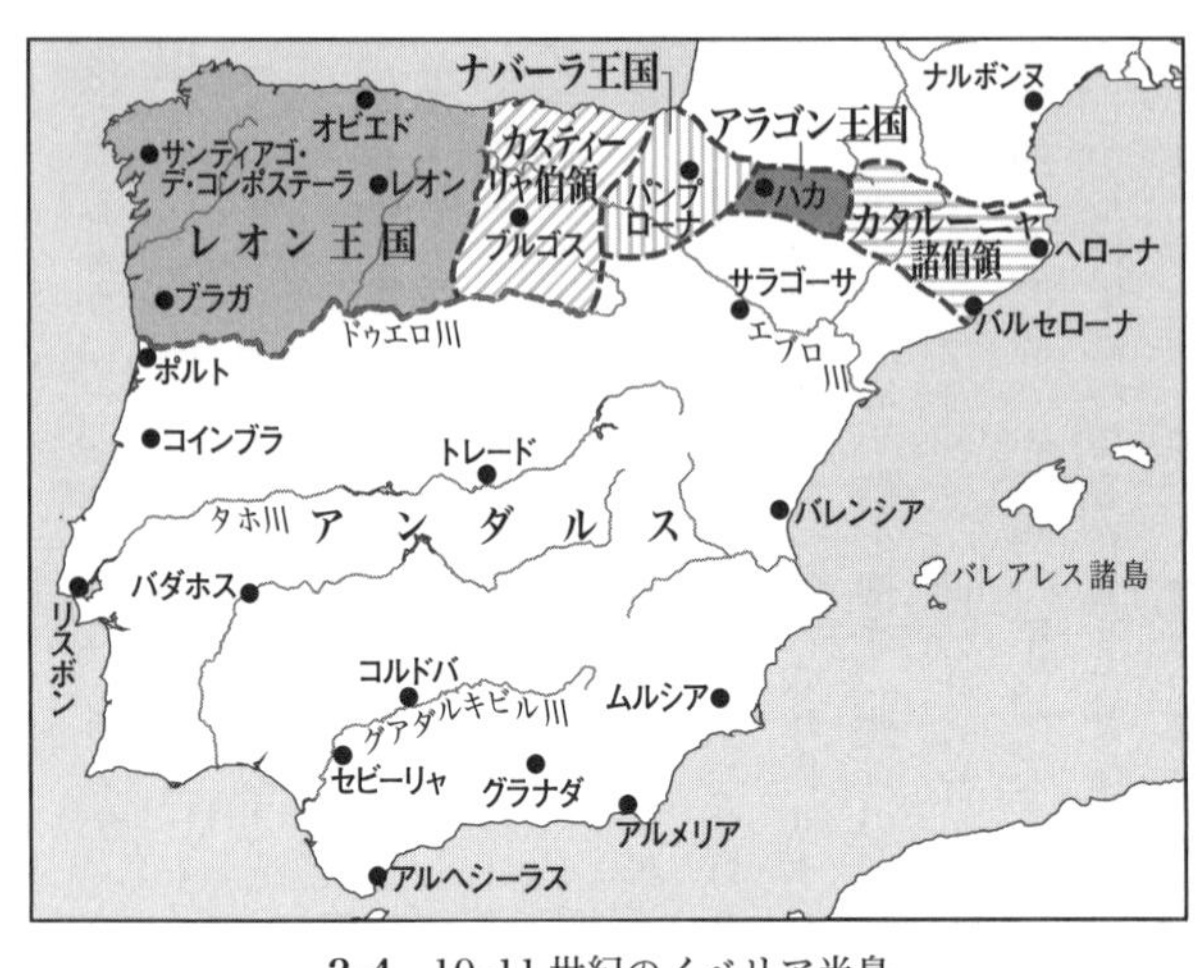

2-4　10-11 世紀のイベリア半島

神秘主義的な思想運動のスーフィズムが住民の間に広まり、マーリク派法学者の拙い対応が住民の動揺を広げることになった。

モロッコのアトラス山脈で起こったムワッヒド運動は、一一三〇年代にアブド・アルムーミンの下で拡大し、一一四七年にマラケシュを征服してムラービト朝を滅ぼした。自らを唯一神信仰の徒(ムワッヒド)とするムワッヒド朝(～一二六九年)は、一一五〇年代になると半島への侵入を本格化させた。

アンダルスのムラービト朝支配は一一四五年頃には瓦解しており、ムワッヒド朝が制圧するまでは各地にターイファが復活した(第二次ターイファ時代)。これらのほとんどは短期間でムワッヒド朝に屈服するが、ムルシアを拠点にしたイブン・マルダニーシュは広く南東部を支配して、一一七二年に没するまで四半世紀にわたってムワッヒド勢力に抗し続け、キリスト教徒から「狼王」と称された。現在のムルシアは城壁に囲まれた要塞都市であったので、その中心街では再開発のたびに遺構が発見されている。

ムワッヒド朝は一一九五年にアラルコスの戦いでカスティーリャ王国のアルフォンソ八世に勝利するなど、一三世紀初めまで権勢を誇ったが、キリスト教諸国が連合軍を組んで侵攻すると、ラス・ナバス・デ・トローサ（ハエン県）で大敗を喫して軍事的劣勢を露呈した。アンダルスでは、反ベルベル感情や、マーリク派法学者からは異端的とみなされたタウヒード神学に対する反感が増大した。アンダルスの状況が混乱する一方で、マグリブに台頭したマリーン朝との抗争が生じたために、ムワッヒド朝は一二二八年頃にはアンダルスから撤退した。

アンダルスは再び地方政権が相争う群雄割拠の時代に入った（第三次ターイファ時代）。こうした分裂状態はキリスト教諸国の南下を容易にし、「大レコンキスタ」（第3講参照）の結果、一三世紀半ばにアンダルスは、ナスル朝グラナダ王国だけになった。

アンダルスの文化

キリスト教諸国との軍事的対抗のなかでイスラーム社会の防衛を至上の課題としたムラービト朝、ムワッヒド朝の下でアンダルスは、モサラベやユダヤ人への圧力を強めた。異教徒の庇護民はイスラームへの改宗か、キリスト教諸国かマグリブへの移住かを陰に陽に迫られたのである。その結果、一三世紀半ばにはアンダルス住民のほとんどがイスラーム教徒であったとされる。

コルドバに生まれたユダヤ人哲学者マイモニデス(一一三五〜一二〇四)は、ムワッヒド朝の支配を嫌ってエジプトに移住した。しかしイスラーム教徒知識人の間では、伝統的なマーリク派法学の箍(たが)が緩み、哲学者たちの新たな知的営みが生まれることになった。イブン・トゥファイルやイブン・ルシュド(一一二六〜一一九八)がその代表で、後者はアリストテレス哲学の膨大な注釈を行なって、中世スコラ哲学に大きな影響を与えた。西欧では彼の名前はアヴェロエスとして知られる。

一一〜一二世紀は、アンダルス各地で活発な文化活動が見られた時代であった。文化人たちが、荒廃したコルドバを離れてターイファ諸王の庇護のもとに走ったからである。ムラービト朝やムワッヒド朝も、イスラーム教徒の知的活動を抑えることはなかった。例えばイブン・ハズムは各地を流浪しながら広範な著作活動を行なった。その文学作品『鳩の頸飾り』はイスラーム恋愛論の白眉とされる。イブン・クズマーンの抒情詩はトルバドゥール文学(中世に南仏を中心に広まったオック語抒情詩)に影響を与えたとされる。歴史学や地理学も大きく発展したが、イスラームの広大な版図がその基になったことは言うまでもない。セウタ生まれのアル・イドリーシー(一一〇〇?〜六五?)は、それまでで最も正確とされる世界地図を一一五四年に作成した。

4 ナスル朝グラナダ王国

ナスル朝は一二三二年、ムハンマド一世によって興された。一二三八年にグラナダを支配し、これを首都としたナスル朝グラナダ王国は、一四九二年の陥落まで存続する。北アフリカにはマリーン朝が控えており、グラナダ王国に兵を進めてレコンキスタを完遂するにはカスティーリャをはじめとするキリスト教諸国の負担は大きすぎた。ナスル朝はカスティーリャ王の封建家臣として貢納金支払いの義務を負ったが、これはマリーン朝の軍事介入を牽制する意味でも利点があった。つまり、グラナダ王国は、カスティーリャ王国とマリーン朝のパワーバランスのもとで巧みに存続したのである。

さらに一四世紀半ばにはカスティーリャ王国は、ペストの流行とトラスタマラ内乱の勃発で、大規模な軍事行動を行なうことができなかった。マリーン朝もこの時期から内紛に苦しみ弱体化した。こうした状況にあってナスル朝は、一四世紀半ばから末にかけて、ユースフ一世とムハンマド五世のもとで安定と繁栄の時代を迎えた。

アルハンブラ宮殿

このナスル朝の黄金時代を象徴するのが、グラナダ市南東の丘に位置するアルハンブラ宮殿(もとはアラビア語で「赤い城塞」を意味する城塞都市)である。宮殿は九世紀の軍事要塞に端を発するが、ユースフ一世とムハンマド五世の時代に大幅な増築がなされてほぼ現在の姿になっている。一六世紀にハプスブルク朝のカルロス一世(カール五世)がその一角にルネサンス様式の宮殿を造るが、幸いにそれ以上は手を付けなかった。それまで敵たる異教徒の寺院や宮殿が大きく破壊されてきたなか、これは異例だった。今日なお、ムハンマド五世が造営を命じた「ライオンの中庭」など、スペイン屈指の世界遺産が人びとを魅了し続けている。

ジェノヴァ人のネットワーク

小国のグラナダ王国が一五世紀前半まで危機に陥らず、繁栄を享受できたのにはもう一つ大きな理由があった。地中海交易ではアンダルス商人が東西の行き来に大きな役割を果たしていたが、コルドバ・カリフ国が滅亡してムラービト朝、ムワッヒド朝の時代になると、イタリアのジェノヴァ商人をはじめとするキリスト教徒の船舶がその役割を肩代わりするようになった。

ナスル朝になるとジェノヴァ商人の重要性はさらに増した。非イスラーム教徒である彼らは居留地特権を与えられ、王国領内で産出されるサトウキビ、乾燥果実、絹織物を買い付けて、イタリア諸都市やフランドル(現在のオランダ南西部からベルギー西部、フランス北東部をしめる毛織物工業が早くから発達した地域で、一五世紀にハプスブルク家領となる)などヨーロッパ各地に輸出した。グラナダへは、フランドルやイギリス(イングランド)の毛織物、東地中海からの香辛料などをもたらした。さらにマグリブからは、金や黒人奴隷に加えて穀物を輸入した。というのも、大レコンキスタでセビーリャやコルドバから多くのイスラーム教徒が移住したために、グラナダ王国領内の生産だけでは賄いきれなかったからである。

王国領内の港としてはマラガとアルメリアが重要であった。グラナダ市内にコラル・デル・カルボンという建物があるが、これは一四世紀のフンドゥク(商人宿と倉庫を兼ねた施設)で、往時のジェノヴァ商人の活動を偲ばせる。

一五世紀に入って大西洋への進出が本格化すると、マデイラ諸島やカナリア諸島の開発が進み、これらの諸島にサトウキビ栽培が広がった。大西洋方面の経済的重要性が増すとともにジェノヴァ商人は、グラナダ王国への関心を薄れさせた。グラナダ沿岸の治安悪化もこの傾向を助長した。一五世紀後半にナスル朝経済は立ち行かなくなる。

グラナダ王国の存亡

経済的困難は王族間の争いや臣下間の党派抗争という政治的・軍事的混乱を伴い、支配者の系図を正確に作れないほどに王位簒奪が繰り返された。ポルトガルは一四一五年に対岸のセウタを征服し、カスティーリャは一四六二年にジブラルタルを奪取した。一四六五年にはマリーン朝が滅亡してマグリブも群雄割拠の状態となり、ジブラルタル海峡を越えてイスラーム勢力が到来することはもはや期待できなかった。

しかし一五世紀半ばには、カスティーリャ王国もアラゴン連合王国も(この二つの王国の性格については後述)、領域内の政治的混乱のためにグラナダ王国に触手を伸ばす余裕はなかった。一四六九年、カスティーリャのイサベルとアラゴンのフェルナンドが結婚し、内乱を収めて同君連合を確かなものにするとナスル朝の命運は定まった。

一四八二年以後、カスティーリャは毎年のように侵攻して、次々と城塞や都市を奪った。マラガは一四八七年に、アルメリアは一四八九年に奪取された。この段階になってもナスル朝の内紛はやまず、一四九二年一月、イサベルとフェルナンド、つまり「カトリック両王」はグラナダ市への入城を果たした。アンダルス最後の王ムハンマド一一世(ボアブディル)はフェズ(モロッコ)に亡命し、キリスト教徒によるレコンキスタは終了した。しかし、降伏したグラナダのみならず、アラゴンやバレンシアにも多くのイスラーム教徒が居住し続けていた。彼らの処遇をめぐる軋轢は、さらに一〇〇年以上続くことになる。

次講では時代を遡って、イスラーム勢力の半島侵入と占領に対抗しつつ形成されたキリスト教諸国家の歩みを見ることにしたい。

第3講

多様性のなかの中世世界

8世紀〜15世紀後半

トレード大聖堂

711	イスラーム勢力，半島に進出．西ゴート王国滅亡
722	コバドンガの戦い
801	フランク王国軍，バルセローナを攻略．ヒスパニア辺境領成立
910	アストゥリアス王国，レオンに遷都，レオン王国成立
961	カスティーリャ伯領，レオン王国より自立
1085	カスティーリャ＝レオン王アルフォンソ6世，トレードを攻略
1137	バルセローナ伯ラモン・バランゲー4世がアラゴン王女ペトロニーラと結婚，アラゴン連合王国成立
1157	カスティーリャ＝レオン王国，カスティーリャ王国とレオン王国に分裂
1212	ラス・ナバス・デ・トローサの戦いでキリスト教徒連合軍，ムワッヒド朝に大勝
1230	ジャウマ1世，マジョルカを征服
	カスティーリャ王国とレオン王国の再統合でカスティーリャ王国成立
1245	ジャウマ1世，バレンシアを征服
1348	この頃ペスト流行，大幅な人口減少
1369	カスティーリャ王国でトラスタマラ朝始まる
1391	各地で反ユダヤ暴動発生．この頃からコンベルソ(改宗ユダヤ人)急増
1412	カスペ会議でトラスタマラ家のフェルナンドをアラゴン連合王国の王に選出
1462	カタルーニャが内乱状態になる(～1472)
1469	カスティーリャ王女イサベルとアラゴン王子フェルナンド(後のカトリック両王)が結婚

1　レコンキスタのはじまりとキリスト教諸国の形成

コバドンガの戦いとレコンキスタ

後述するフランコによる二〇世紀の長期独裁体制が唱えた歴史認識は、一九世紀に創られた伝統的国民史学(第7講参照)に支えられていた。七二二年のコバドンガの戦いから一四九二年のグラナダ陥落までの約八〇〇年は「レコンキスタ」の時代と称され、それを主導したのはカスティーリャ王国に結実するキリスト教諸国の歴代国王で、西ゴート王国の血筋を継承した者たちとされた。統一的カトリック王国の「復興」として、王権の歴史的正統性が謳われたのである。

だが、異教徒からの国土奪還という理念は、当初にはなかった。「レコンキスタ」という言葉は中世には使われていない。ただ、九世紀に北西部のガリシアで、一二使徒のひとりである聖(大)ヤコブのものとされる墓が「発見」されたことには、ヨーロッパのキリスト教世界の中に自らを位置づけようとする作為が込められていたのも確かである。一〇世紀初めの『アルフォンソ三世年代記』は、「ゴート人の軍の再興」と「異教徒の撃退」がコバドンガの戦いの主たる動機であったと叙述している。

しかしこの『年代記』には誇張も多い。聖母マリアのご加護で異教徒兵士は一二万五〇〇〇人も殺されたという。だがアラブによるアンダルス征服を描いた一七世紀初めのマグリブの歴史家アル・マッカリーの叙述(『アンダルスの緑の木々の枝』)では、ペラーヨ王は三〇〇人の従者を率いていたに過ぎず、戦闘の結果、兵士の数は一〇分の一に減ったという。ペラーヨの西ゴート出自は認めたとしても、彼が率いた人びとは、西ゴートの支配にほとんど屈しなかったアストゥリアス人であった。ペラーヨが築いた抵抗拠点がやがてアストゥリアス王国に発展したとされるが、西ゴート王国との連続性は史実とは認め難い。

レコンキスタは、一二世紀になって明確に十字軍の色彩を帯びた。アンダルスでムラービト朝、ムワッヒド朝が支配者となり、キリスト教諸国との対立が深まったからである。ローマ教皇が唱えるイスラームに対する十字軍は、イベリア半島のキリスト教諸国にもレコンキスタの機運を盛り上げた。その結果、一二一二年のラス・ナバス・デ・トローサの戦いでの勝利となった。

だが境域に位置するイベリア半島では、キリスト教諸国によるアンダルスの領土奪還はイスラーム教徒の放逐を意味しなかった。一〇八五年にトレードを再征服したカスティーリャ＝レオン王アルフォンソ六世は、自らを「二宗教の皇帝」、つまりキリスト教徒とイスラーム教徒双方の君臨者と称した。その後もイスラーム教徒は「ムデハル」と呼ばれて、キリスト教徒社会の中での存在を許されている。

一一世紀には武将としてロドリーゴ・ディアス・デ・ビバル(エル・シッド)が活躍したが、のちの伝統的国民史学で謳われるような真摯なキリスト教擁護者ではなかった。イタリア傭兵（コンドッティエーリ）と同じく、契約に従って宗教とは無縁に戦ったのである。彼を称えた叙事詩『わがシッドの歌』（一二〇七年頃）を史実としてはならない。一二世紀には、フェルナンド・ロドリゲス・デ・カストロなどが同じような活躍をした。

サンティアゴ巡礼と「モーロ人殺し」聖ヤコブ

聖ヤコブの墓が「発見」されたスペイン北西部サンティアゴ・デ・コンポステーラは、一一世紀から一二世紀にかけてレコンキスタの前線が南下するにつれて、ヨーロッパ各地からの巡礼者を集めて、ローマ、エルサレムと並ぶキリスト教三大巡礼地となった。ピレネー地域からコンポステーラに至る巡礼路沿いにはブルゴスやレオンなどの都市が発展した。巡礼路は、レオンとカスティーリャの経済の発達を大きく後押しした。

領土拡大を図る王権にとって聖ヤコブは、魂救済の聖者だけでなく「モーロ人」（イスラーム教徒）との戦いの守護聖者となった。一一世紀には、クラビーホの戦い（八三四年、八四四年、八五九年とも）に際して聖ヤコブが白馬に乗って現れてキリスト教徒軍を救ったという奇跡譚が流布し、「サンティアゴ・マタモーロス」（モーロ人殺しの聖ヤコブ）のイメージが成立した。聖ヤコブは、一五世紀末からの新大陸征服にあたっても征服者（コンキスタドール）を鼓舞することになる。

アストゥリアス王国は、アミールの弱体化に乗じてドゥエロ川までの土地を占拠し、九一〇年には首都がレオンに移された。以後、王国はレオン王国と呼ばれ、西ゴート王国の継承者を自任した。しかし一〇世紀末には逆にマンスールの侵攻にあって、王国は危機的状況に陥った。

レオン王国とカスティーリャ伯領

その東部には、カスティーリャ伯領が成立した。対アンダルスのために築かれた城塞(カスティーリョ)群を核に形成された伯領は戦士的性格を濃くして、一〇世紀後半には事実上レオン王国から独立の地域政体となり、カスティーリャ伯兼レオン王フェルナンド一世(後述)は一〇六五年、長子サンチョ二世に伯領を王国として相続させた。

西ヨーロッパでは、主君が家臣に所領を封として与えて家臣の軍役奉仕を求める封建関係が生まれ、一一世紀には封建的階層秩序が成立した。しかし、イスラーム社会との境域に位置するキリスト教諸国ではこの秩序は流動的であった。家臣は主君に依らずとも領地を獲得し得たし、主君は軍事的に封建貴族だけではなく、平民騎士や騎士修道会を頼りにすることができたからである。

カスティーリャ地方では、無主地・荒蕪地の再植民運動が始まり、入植者には特権として自由地が与えられ、封建貴族を介さずに王権と結びつく自由農民が創出された。なかには騎兵としての装備をもつ者も現れ、彼らは免税特権をもつ平民騎士(民衆騎士とも)となって、境域城塞都市の民兵を構成した。カスティーリャ中央部のレコンキスタに彼らが果たした役割は大きい。

さらにアンダルスへの南下には、騎士修道会が大きな役割を果たした。一二世紀後半にはカラトラーバ、アルカンタラ、サンティアゴの三大騎士団が組織される。これらの騎士修道会はムワッヒド朝の攻撃からメセータ南部を防衛し、後述する一三世紀の「大レコンキスタ」の征服活動でも主導権を握った。

ナバーラ王国の発展と停滞

ピレネー山脈西部では、北からフランク王国、南からはアンダルスの圧力を受けながらも、バスク人が西ゴート時代以来の自律的社会を維持していた。一一世紀に著されたフランスの叙事詩『ローランの歌』は、アンダルスを制圧しようとするフランク王国のローランの奮闘を描いたものだが、実際のロンスヴォー峠での敗北（七七八年）はバスク人の攻撃によるものだった。九世紀前半にバスク人はイニゴ・アリスタの下に結集してパンプローナ王国を建国し、一〇世紀末にはナバーラ王国と名乗った。

一一世紀前半には大王サンチョ三世が東のアラゴン伯領、西のカスティーリャ伯領を併合し、さらにレオン王国を占領して保護下に置き、半島北部に広がる覇権国家を築いたが、一〇三五年、その死に際して遺産は四人の息子の間で分割された。カスティーリャ伯領を継承した次子フェルナンドはやがてカスティーリャ王となり、一〇三七年、レオン王ベルムード三世死去に伴いレオン王位も継承して、カスティーリャ＝レオン王国を築いた。アラゴンを継承したラミーロはやはり王を称してアラゴン王国を成立させ、残るサンチョの遺領地も一一世紀後半に併合した。

一二世紀前半にナバーラ王国は再び独立国となり、サンティアゴ巡礼が盛んになるなか、パンプローナ、ハカなどの都市が栄えた。しかし、西にはカスティーリャ王国が、東にはアラゴン連合王国が発展・拡大し、北にはフランスが控える中で、独立王国としての存続は困難であった。小国ナバーラは、フランスの勢力圏に入ったあと再びカスティーリャの影響下に置かれた。一五世紀には深刻な内乱を経て、一五一二年にカスティーリャに占領され、一五一五年にカスティーリャ王国に編入された。

一方、アラゴン王国は一〇六〇年代にはアンダルスのサラゴーサ王国へのレコンキスタを本格化させ、一一一八年にサラゴーサ占領を実現した。境界域はエブロ川以南に一気に拡大したが、地域防衛のために貴族家門に主要城塞を世襲的に管理させた。城塞保有と軍事奉仕によって貴族が王権と結びつく関係が築かれ、領主権力の強い社会が誕生した。

ヒスパニア辺境領とバルセローナ伯の優位

半島北東部は、フランク王カール大帝によってイスラームに対する防衛地域と位置付けられていた。大帝は、七八五年にジローナ、八〇一年にはバルセローナを征服して、カタルーニャ北部をその支配下においた。この地域はヒスパニア辺境領と称されるが、統一政体ではなく、フランク王権に服属する諸伯領の寄せ集めであった。

境域として無主地となっていたカタルーニャ北部(旧カタルーニャとも)には、九世紀を通じてピレネー山麓一帯から盛んな入植活動が行なわれ、多くの自由農民が創出され、伯への軍役を負担する兵士ともなった。カスティーリャの場合と同様である。

諸伯のなかでバルセローナ伯が有力となるが、九世紀末のカタルーニャ国旗創出の逸話（怪我をして横たわるギフレー一世多毛伯を見舞った主君のフランク王シャルル二世が、ギフレーの胸を手で拭い、横にあった金色の盾に四本の血の筋をつけてギフレーの紋章としたとされる）は史実とは程遠い。また、九八八年のブレイ二世によるフランク王への臣従の誓いの拒否は建国の年としてカタルーニャ国民史学（一九世紀のスペイン国民史学の創出に対抗してカタルーニャの歴史家たちは、カタルーニャの独自の歩みを強調した歴史を描いた。第7講参照）で称えられるが、一二五八年までフランク王国は独立を認めていない。「カタルーニャ」の地理的名称が登場するのも、レコンキスタが進展する一二世紀以後である。

とはいえ一〇世紀以後、バルセローナ伯領を中心に政治的統合は進展した。バルセローナやジローナの都市的発展も著しかった。バルセローナ伯は、諸伯や有力貴族とそれぞれに臣従契約を結んで封建的支配関係の序列化を実現した。一一世紀から一二世紀にかけて「バルセローナ慣習法」が整備され、新たな封建的社会秩序の法的基盤となった。

一二世紀にはカスティーリャ＝レオン王国の覇権に脅かされたアラゴン王国は、バルセローナ伯領に接近した。一一三七年、アラゴン王ラミーロ二世は王女ペトロニーラをバルセローナ伯ラモン・バランゲー四世に嫁がせて、自らは退位した。ここにアラゴン連合王国（原語では「コローナ・

デ・アラゴン」)が誕生するが、一つの王冠(コローナ)の下に置かれた諸国(アラゴンとカタルーニャ、のちにバレンシアも)はそれぞれの法、制度、言語などを維持した。この王朝的原理に基づいた緩やかな同君連合は、近世ヨーロッパの「複合君主政」の先取りといえる。

2 カスティーリャ王国の拡大

カスティーリャ王国の発展

フェルナンド一世によって築かれたカスティーリャ＝レオン王国は同君連合であったが、ナバーラ王国やアラゴン王国と争いながら版図を拡大した。一〇六五年のフェルナンド死去によって、カスティーリャ王国とレオン王国に分裂し、前者がサンチョ二世、後者がアルフォンソ六世の治めるところとなったが、一〇七二年、サンチョの暗殺によってアルフォンソがカスティーリャ王を兼ねることになった。

上述したように、カスティーリャ＝レオン王アルフォンソ六世は、ドゥエロ川以南へのレコンキスタを加速させて、一〇八五年、イスラーム教徒間の抗争に乗じて、タホ川沿いの古都トレードを征服した。この結果、アンダルスとの境界域をタホ川流域まで南下させた。西ゴート王国の首都トレードがキリスト教徒の手に戻ったことの心理的効果はきわめて大きかった。

続くウラーカの治世は、ムラービト軍の攻勢でレコンキスタは停滞し、サンティアゴ巡礼都市で

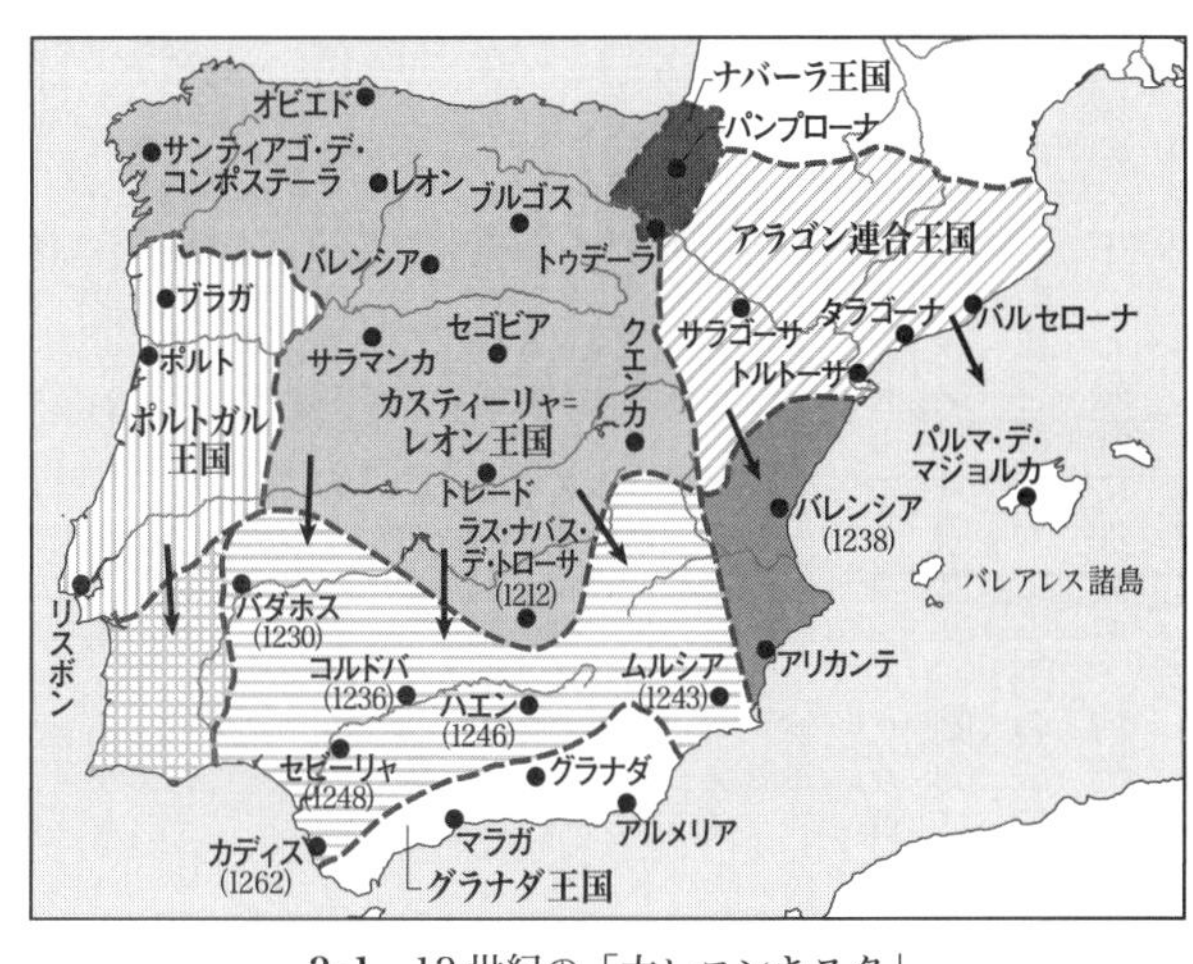

3-1　13世紀の「大レコンキスタ」

コミューン運動(領主支配からの離脱をめざした動き)が発生するなど、内憂外患の時代であった。しかし一一二六年に即位したアルフォンソ七世は、ターイファ諸国の内紛を巧みに利用して、タホ川流域からイスラーム勢力を一掃した。後述する「トレードの翻訳グループ」の活動が盛んだったのはこの時代である。

一一五七年、アルフォンソ七世の死後に再びカスティーリャ王国とレオン王国に分かれるが、レコンキスタの主導権を握ったのはカスティーリャ王国であった。アルフォンソ八世は、一一九五年、アラルコスの戦いでムワッヒド軍に敗れたものの、一二一二年、同王率いるキリスト教連合軍はラス・ナバス・デ・トローサの戦いでムワッヒド軍に大勝利した。一二三〇年、カスティーリャ王国とレオン王国はフェルナンド三世によって再統合された。以後、両国は分裂することなく、アラゴン連合王国と同様に複数の王国(レイノ)を治める一つの王冠(コローナ)の下に置かれた。その後のカスティーリャ王国は原語では「コローナ・デ・カスティーリャ」だが、領域内の集権化が進み「連合王国」的性格はもたない。

カスティーリャ王国の一体化が進んだのは、この頃から家産の限嗣相続(多くは長子相続)が一般化したことに依っていた。諸王国の競う中で、同一王朝の存続のためには複数の子による分割相続はそぐわなくなったのである。貴族もまた、この頃から家門存続のために限嗣相続を行なうようになり、一五世紀にはこの限嗣相続制度(マヨラスゴ)が定着した。

「大レコンキスタ」の遂行

ラス・ナバス・デ・トローサの戦いに勝利したカスティーリャ王国はさらに、フェルナンド三世の下で「大レコンキスタ」を遂行し、グラナダ、マラガ、アルメリアを除いたアンダルシーア(一三世紀以後にスペイン南部を指した地理的呼称で、半島のイスラーム支配地域全体がアンダルスと呼ばれたことに由来する)のほぼ全域を占領した。フェルナンドは、一七世紀にレコンキスタの功績から列聖されて、「聖王」と称される。

続くアルフォンソ一〇世は、劇的に拡大した王国領域を統べるべく、ローマ法に基づく『七部法典』などの編纂を行なって王国の法的・制度的統一に尽力した。しかし王権強化策は、再征服した地域のムデハル暴動に加えて、特権擁護を図る貴族や都市の反発も招いた。

一四世紀前半のアルフォンソ一一世の治世には、ジブラルタルやアルヘシーラスを獲得し、モロッコのマリーン朝の半島侵攻の脅威を取り除いた。しかし同世紀半ばからカスティーリャは危機の時代に入り、ナスル朝に対するレコンキスタの頓挫を余儀なくされる。

一三世紀から一四世紀初めのカスティーリャ王国の拡大は、順調な経済の発展に支えられていた。羊毛生産が拡大し、セゴビア、トレード、クエンカなどを中心に毛織物工業が発達した。エストレマドゥーラからアンダルシーアへとレコンキスタが進み、聖俗大領主の広大な牧草地が確保されて、メセータ北部と南部の長距離移牧が可能となったからである。この移牧で飼育されるメリーノ種羊の羊毛は高い需要を生み、カスティーリャの羊毛生産は近世まで拡大を続けた。アルフォンソ一〇世は長距離移牧業者の全国組織として全国メスタを設立し、特権や裁判権を与えて保護した。

一三四八年に半島を襲ったペストは、翌年にかけてカスティーリャに飛び火した。

カスティーリャ王国の危機

一四世紀前半には天候不順と不作が続き、とくに民衆層の栄養状態が悪かったために、人口の二割近くが失われる大量死につながった。人びとが日常的に死に直面する時代が始まり、その恐怖は「死の舞踏」と称された。

一三世紀の大レコンキスタで、アンダルシーアにはメセータ中央部からの入植者によってかなりの小土地所有が形成されていたが、人口減少と経済的困難のなかで農民の土地放棄が進んだ。近代アンダルシーアの景観を特徴づけるラティフンディオ(大土地所有)は、この時期に有力貴族が放棄地を集積した結果によるところが大きい。

こうした危機のなかで即位したペドロ一世は、物価や賃金の統制や農民の土地緊縛を命じることで社会の動揺を防ごうとした。有力貴族の影響を削ぐ王権強化策を打ち出し、有力ユダヤ人や下級貴族出身の文官(レトラード)を登用した。

王権と貴族の対立が深まる中で一三五四年、ペドロの異母弟エンリケ・デ・トラスタマラが王位を剝奪すべく蜂起した。この紛争には、アラゴン連合王国、ポルトガル王国、ナスル朝グラナダ王国、ナバーラ王国とさまざまな勢力が介入した。英仏の百年戦争の影響も受けて、ペドロをイギリス人傭兵が、エンリケをフランス人傭兵が支援した。ペドロは一三六九年にモンティエルで殺害され、エンリケがエンリケ二世として即位し、トラスタマラ朝を開始した。ペドロには長く、いたずらにユダヤ人を登用しキリスト教理念に背いた「残忍王」というレッテルが貼られる。

トラスタマラ朝下のカスティーリャ

内乱を経て即位したエンリケ二世の権力基盤は弱かった。そこで王は、旧来の血統貴族に代えて、奉仕貴族と呼ばれる忠実な一団の創設に努め、支持派貴族に王領地や爵位を惜しげもなく恵与した。この特権賦与は「エンリケの恵与」と称されるほど寛大なものであった。

スペインの各王国には一二世紀末以後、貴族、聖職者、都市代表(議会への代表派遣を認められた諸都市の代表)の各部会からなる王国議会(身分制議会)が成立し、それぞれに王権を制約する役割をもった。後述するアラゴン連合王国諸国の議会と比べて、カスティーリャ王国議会(コルテス)は大きな権限を有しなかったが、内乱で弱体化した王権にとって、諸都市代表からなる議会は、臨時租税を獲得し、有力貴族を牽制して王権を正当化するための手段となった。実際に一四世紀後半のエンリケ二世とファン一世の治世には、王国議会が頻繁に開催された。この時期、議会代表派遣都市の数は最大に達したが、王権が安定化するに従ってその数は減少し、議会の権限も縮小された。王権は都市への統制を強め、国王代官(コレヒドール)の都市派遣も頻繁になった。高等法院、国王顧問会議などの統治機関も整備された。

しかし王権の強化と統治機関の再編は、国王自身の資質と有力貴族への「恵与」に大きく支えられていた。一四〇六年、エンリケ三世が死去してファン二世がわずか二歳で即位し、母后カタリーナと叔父フェルナンド・デ・アンテケーラが摂政になると、有力貴族間の党派争いが顕在化した。フェルナンドは一四一二年のカスペ会議でアラゴン連合王国の王(アラゴン王フェルナンド一世)に選出され、息子たち(アラゴンの王子たち)を通してカスティーリャ政治に影響力を及ぼした。アルバロ・デ・ルナを筆頭とする国王支持派貴族はこれに対抗し、さらにはカスティーリャの有力貴族が党派を組んで両者に反発した。

ファン二世は晩年にアラゴン派貴族をオルメードの戦い(一四四五年)で破り、アルバロ・デ・ルナもその後に失脚した。しかし後継のエンリケ四世には、カスティーリャの有力家門が立ちはだかった。国王は「絶対王権」を唱えて王権強化に努めるが、反対派貴族の前に無力で、嗣子を持てずに一四七四年に死去し、のちに「不能王」の汚名を着せられる。
貴族たちの多くは、御しやすいとみてエンリケ四世の異母妹イサベルの国王即位を支持した。しかし、このイサベルがカスティーリャにとっての新時代を築くことになる。

3 アラゴン連合王国の地中海進出

アラゴン連合王国の発展

上述のように、一一三七年にはバルセローナ伯領とアラゴン王国との連合王国、「アラゴン連合王国」が形成された。カタルーニャ国民史学ではこれを「カタルーニャ＝アラゴン連合体」と呼ぶが、史実ではない。しかし連合王国の拡大はバルセローナ伯が主体となったことは確かであるから、以下、国王名はカタルーニャ語表記とし、カタルーニャを中心に叙述したい。

一二世紀半ば、アラゴン連合王国はアンダルスの混乱に乗じて、エブロ川下流域（リェイダ、トゥルトーザ）を征服した。リュブラガット川以北は旧カタルーニャと呼ばれ、新たな征服地域は新カタルーニャと呼ばれるが、この新・旧カタルーニャの領域は一四世紀以後、「カタルーニャ公国」と称されるようになる。くわえてアラゴン連合王国は、南フランスに関心を向けて北カタルーニャ（現在はフランス領のルシヨン、セルダーニュ）を確保したが、一二一三年のミュレの戦いでカペー王権に敗北して、それ以上の北方への領域拡大を押し止められた。

　そこでアラゴン連合王国は、拡大の方向をアンダルスと地中海に向ける。その主導権を発揮したのがジャウマ一世であった。「征服王」と称されるように、貴族層の要求に応えるかたちで再征服を進め、一二三〇年にマジョルカ、一二四五年にはバレンシアを攻略した。それぞれ王国としてアラゴン連合王国に編入されたが、マジョルカは一四世紀半ばに王国の地位を失った。マジョルカとバレンシア沿岸にはカタルーニャ人が、バレンシア内陸部にはアラゴン人が入植したために、バレンシアは現在でも二言語地域である（沿岸部のカタルーニャ語バレンシア方言、内陸部のスペイン語）。また、被占領地には新たな領主支配を受け入れたイスラーム教徒が残存しており、独自の信仰と法を維持するムデハルを多く抱える社会となった。さらにアリカンテ以南にも勢力を広げようとしたが、カスティーリャの拡大と対立して阻まれた。

　一三世紀から一四世紀にかけては、各王国の統治機構が整備された。カタルーニャでは聖職者、貴族、都市代表の三部会の議会（コルツ）が、アラゴンでは貴族が大貴族と下級貴族に分けられた四部会の議会（コルテス）が一三世紀後半に機能し始め、諸身分の力の強さを反映してどちらも議会が国王立法に対する同意権をもつなど、王権を制約する権限を有していた。議会閉会中に臨時税の徴収・管理に当たる議会常設代表部（カタルーニャではジャナラリタット、アラゴンではディプタシオン）も組織された。国王は各議会の意向を無視できず、全体的に「統治契約主義（パクティスモ）」の伝統が築かれて、中世末から近世にかけてアラゴン連合王国では「強権的王政」への動きは押しとどめられた。なおカタルーニャでは、バルセローナ市の政治的・経済的比重が圧倒的であった。一三世紀半ば、市参事会と百人会議という都市統治制度が確立して、都市貴族は大幅な自治権を享受した。

地中海帝国

半島での領域拡大が望めないアラゴン連合王国は、地中海進出も積極的に進めた。地中海交易からもたらされる利益に、領主貴族も都市貴族も挙って参与した。一三世紀末から一四世紀初めにかけてシチリア島、サルデーニャ島の征服を実現し、さらにはギリシアに樹立された十字軍国家のアテネ公国とネオパトリア公国を占領した。アテネ公国などの簒奪にはカタルーニャ人傭兵集団（アルムガバルス）が大きく関わった。

この地中海進出は、直接の領土拡大よりは、各地の政権から奪った居留地をつなぐネットワーク形成に力点が置かれていた。西地中海では、シチリア島やサルデーニャ島からイベリア半島に小麦や塩がもたらされ、マグリブとの交易では金・奴隷・小麦などが輸入され、ワインやオリーブ油が輸出された。東地中海との交易では、香辛料や奴隷を輸入し、農産物を輸出した。

海上取引の円滑化のために地中海の主要都市には連合王国の商務館（取引所と倉庫を備える）が置かれ、バルセローナやバレンシアには商業裁判所が設けられた。さらに主にバルセローナ市参事会が選出・任命する領事（コンスル）が海外居留地に派遣され、係争処理のために「海事慣習法」が成立した。

この間、バルセローナの発展は著しく、一四世紀半ばには人口五万人に達するほどであった。こうした急速な拡大によってアラゴン連合王国は、ジェノヴァやヴェネツィアに比肩する「地中海帝国」となったが、その支配領域は過度に分散していた。一四世紀半ばのペストの大流行で、このネットワークは大きく揺らぐ。

経済危機と社会対立の激化

一四世紀半ばのペストが人口動態に及ぼした影響は、アラゴン連合王国で深刻であった。とくに酷かったのはカタルーニャで、人口のおよそ四割が失われたと推計される。バレンシアとマジョルカもペストの影響に苦しんだが、一五世紀に入ると、絹織物生産を中心にバレンシア経済は順調に回復し、他の諸国からも移住者を引きつけた。バルセローナ市が政治的・社会的混乱に苦しむなか、バレンシア市が地中海沿岸の最重要商業都市となった。

カタルーニャでは、社会不安が高まるなか、一三九一年、反ユダヤ暴動が諸都市を襲った。市政を牛耳ってきた寡頭支配層と中・下層市民との対立がその背景にあった。バルセローナでは前者はビガ、後者はブスカと呼ばれ、その党派対立は一五世紀を通じて続いた。カタルーニャ農村部では、ラメンサ農民(土地緊縛からの解放には身分買戻しを必要とした)が領主制の撤廃と「悪しき慣習」の廃止を要求して、一四世紀末から蜂起を繰り返していた。

一四一〇年にバルセローナ伯家の最後の当主であるマルティ一世が嗣子なくして死去し、政治的混乱が深まった。一四一二年、連合王国を構成するアラゴン、カタルーニャ、バレンシアの各代表がカスペに集って、フェルナンド・デ・アンテケーラを新王(バルセローナ伯ファラン一世、アラゴン王フェルナンド一世)に推挙した。カスティーリャのトラスタマラ朝の一分家が連合王国を治めることになったのである。

ファラン一世は四年後に死去し、後継のアルフォンス四世(アラゴン王アルフォンソ五世)が一四五八年まで統治した。ともにカスティーリャ王国の内政に介入するが、議会の反対もあって一四四〇年代にはこれを放棄した。アルフォンスの関心は、断絶したフランスのアンジュー家に代わってイタリア南部のナポリ王国を継承することに向かい、一四三五年の出帆以来、カタルーニャには戻らなかった。アルフォンスは一四四二年にナポリ王位を獲得し、シチリア・ナポリの「両シチリア王国」が成立したが、地中海におけるジェノヴァ人の商業覇権を崩すことはできなかった。また、ジェノヴァ人はカスティーリャ王国と同盟していたため、カタルーニャ商業はアフリカ大西洋岸の貿易ルートへの参入がかなわなかった。

国王不在となったアラゴン連合王国諸国は、ますます政治的に混乱した。続くジュアン二世(同フアン二世)の治世には、国王と王太子ビアナ公カルロスの対立を受けて、一四六二年から一〇年間、都市でも農村でも内乱状態が続いた。この間にカタルーニャは壊滅的な被害を受け、バルセローナから多くの資本と人口が流出した。アラゴン連合王国の命運は、続くファラン二世(同フェルナンド二世)の手に委ねられることになった。

4 「三宗教の共存」

『聖母マリア賛歌集』と三宗教

レコンキスタの進展に伴うキリスト教諸国の南下は、ただちにキリスト教の排他的宗教＝法共同体の成立には至らなかった。残留したイスラーム教徒(ムデハル)は、各地で信仰を保ち自治権を保障された共同体を存続させた。ユダヤ人もまた西ゴート王国末期とは異なって、一四世紀後半までは大きな迫害を受けずにユダヤ人共同体(アルハマ)を組織した。現在でもスペインの都市では、イスラーム教徒街区(モレリーア)とユダヤ人街区(フデリーア)の痕跡をたどることができる。

伝統的国民史学では、カトリック両王時代(次講参照)の異教徒の追放と強制改宗は偉業と称えられた。しかし今日のスペインは、異文化・異宗教の共存を必要とする。一九九二年に「アンダルス五〇〇年」と「セファラード五〇〇年」(セファラードはユダヤ人がイベリア半島に与えた呼称)が記念・顕彰されたが、これはスペイン中世を三つの宗教が共存した時代として高く評価するためであった。首都マドリードには「三つの文化の庭園」が整備された。

だが、現代的課題を動機として過去を理想化してはならない。「三宗教の共存」はキリスト教徒

3-2 『聖母マリア賛歌集』(25番)の写本挿絵．ユダヤ人高利貸しとキリスト教徒商人の取引が描かれている(エル・エスコリアル修道院図書館)

の優位を前提としたものであり、キリスト教世界とイスラーム世界の境域として、異集団の相互依存を必要とした地域の時代的現象であった。

この優位を端的に描写しているのが、一三世紀後半のアルフォンソ一〇世のもとで作られた種々の書物の挿絵である。「賢王」とも「三宗教の王」とも称されたアルフォンソは、三つの異なる宗教共同体の人びととの交流を描写させており、商いの場、チェスに興じる場、楽器を奏でる場など異なる習俗の共存が活写されている。しかし『聖母マリア賛歌集』には、聖母崇敬とともに異端者や異教徒を愚弄する奇跡譚も少なからず収められている。キリスト教信仰の優位を抜きにこの共存は考えられなかった。

いずれにせよ一三世紀までの日常生活の触れ合いは、キリスト教徒にその優越感とともに、ユダヤ人は説教を通じてキリスト教に改宗するだろうという楽観論をもたらした。『聖母マリア賛歌集』でも、説得や奇跡を介して真理に到達し改宗するというユダヤ人改宗説話が含まれている。しかし一四世紀の危機の時代が到来すると、キリスト教徒たちは「贖罪の山羊」を必要とした。異教徒、とくにユダヤ人はイエスを殺害した「神殺しの民」とみなされ、改宗問題は悲観論へと転じる。

トレードの翻訳グループ

スペイン中世の「三宗教の共存」の典型的事例として、一二～一三世紀にトレードで活躍した「翻訳グループ」が引き合いに出されてきた。一〇八五年にキリスト教徒の手に取り戻されたトレードは、古典文化とイスラーム諸学の研究の中心都市となって、多くのアラビア語文献がラテン語に翻訳された。イブン・スィーナーの医学書などに加えて、アリストテレス、エウクレイデスなどの古典（アラビア語訳で遺されていたもの）が翻訳されて、「一二世紀ルネサンス」と呼ばれるヨーロッパ中世の古典文化復興に大きな影響を与えたとされる。

しかしその多くは、キリスト教徒、ユダヤ教徒、イスラーム教徒の三者が協働したものではない。キリスト教徒聖職者がユダヤ人や元のモサラベ（アンダルスのキリスト教徒）の協力を得て、アラビア語からスペイン語（カスティーリャ語）に訳し、それらがさらにラテン語へ翻訳されたのである。スペイン語が翻訳者と協力者の共通言語であった。残留したイスラーム教徒、つまりムデハルがこれに関与する割合は少なかったとされる。

征服当初はトレードにも多くのムデハルがいたが、やがてその多くがアンダルスへと移住していった。降伏協定に反して大モスクは教会として用いるべく接収され、キリスト教徒優位の社会が築かれていったからである。なお現在のゴシック様式のトレード大聖堂は、一三世紀にこの地に建てられたものである。

3-3 『愛の祈禱書』に描かれたユダヤ人の不信心を罵る挿絵．悪魔に目と耳をふさがれている（大英図書館 Yates Thompson 31）

西ヨーロッパがキリスト教社会として発展する上での共通の出来事は、ユダヤ人の追放であった。一三世紀末のイギリスに始まって各地で追放令が出されたが、スペインでの実施は一四九二年を待たねばならなかった。この遅れの基本的理由は、脆弱な王権がレコンキスタと再植民を遂行するうえでの配慮であった。

反ユダヤ暴動とコンベルソ問題

ユダヤ人共同体のほとんどは手工業や小商業に携わる民衆であったが、有力者は大規模な商業や金融業、徴税請負に従事していた。なかには財務行政に長けて国王側近として活躍する者や、宮廷医として名をはせる者もいた。ペドロ一世に財務長官として仕えたシュムエル・ハーレヴィが建立したトレードのシナゴーグ（現在はセファラード博物館）はその権勢をうかがわせる。

一四世紀半ばのペストの流行と社会不安の高まりのなかで、ユダヤ人共同体への視線は大きく変化した。聖職者のなかには、ユダヤ人は聖体冒瀆や儀礼殺人を行なっているという反ユダヤ説教を繰り返して、民衆を煽り立てる者が現れた。高利貸しで悪徳という紋切り型のユダヤ人像が広まった。都市内部の政治的軋轢が高まると、ユダヤ人贔屓は格好の攻撃材料となった。

一三九一年、セビーリャで反ユダヤ暴動が起こると、コルドバ、トレード、ブルゴス、バルセローナなどの主要都市に飛び火した。ユダヤ人街区は略奪されて、多数のユダヤ人がキリスト教への改宗を決断した。およそ三分の一のユダヤ人が「コンベルソ」(改宗ユダヤ人)になったとされる。

しかし事態はより複雑となった。法的制約を受けなくなったユダヤ人有力者が聖職者や都市役人となる事例が増加したからである。祖先がユダヤ人だと分かる新キリスト教徒が支配者層に加わると、民衆の反感を買った。なかには改宗を偽装するだけの者もいて、コンベルソは「マラーノ」(隠れユダヤ教徒)だという非難の言説も現れる。一五世紀には反コンベルソ暴動も発生し、コンベルソ問題はスペイン社会にとっての難題となった。

伝統的都市官職保有者のあいだに、民衆の反発を逸らすために、自分たちは「古くからのキリスト教徒」であることを証明する動きが現れた。この動きは、近世に入って特権的諸団体が「血の純潔規約」(祖先にユダヤ人やモーロ人の血が混じらないこと)を加入要件とすることにつながる。

第4講

カトリック両王の統治から
スペイン君主国へ

15世紀末〜16世紀

「教皇の前でフェリーペに王権を委ねるキリスト」(ヒエロニムス・ヴィーリクスの版画，1585年)．地球儀は剣，オリーブの枝，王冠，十字架で飾られている

1474	カスティーリャ王国の王にイサベル1世即位
1479	アラゴン連合王国の王にフェルナンド2世即位
1480	セビーリャに異端審問制の施行
1492	グラナダ王国滅亡
	ユダヤ教徒への追放・改宗令
	コロンブス，西インド諸島に到達
	『カスティーリャ語文法』出版
1502	カスティーリャでのムデハル追放・改宗令
1512	ナバーラ王国占領(1515 カスティーリャ王国に編入)
1516	カルロス1世，ブリュッセルで即位宣言．ハプスブルク朝スペイン開始
1519	カルロス1世，神聖ローマ皇帝に選出
1520	カスティーリャ諸都市のコムニダーデス反乱(～1521)
1521	コルテス，アステカ帝国を征服
1533	ピサロ，インカ帝国を征服
1556	フェリーペ2世即位
1557	サン・カンタンの戦いでフランスに勝利
1561	フェリーペ2世，マドリードを宮廷都市とする
1568	ネーデルラント諸州，独立戦争を開始(～1648)
	グラナダでモリスコ(イスラームからの改宗者)の反乱(～1571)
1571	レパントの海戦
1580	フェリーペ2世，ポルトガル王フィリーペ1世として即位宣言
1588	「無敵艦隊」，イギリス艦隊に敗北
1598	フランスとのヴェルヴァン条約
	フェリーペ2世没

1　カトリック両王の同君連合

中世スペインでは西ゴート王国時代の選挙王政に代わって世襲王政となったが、前講で述べたようにレコンキスタの過程でさまざまな王国・領国が誕生し、合従連衡を繰り返した。ある王家の治める国が継承者を欠いたために別の国に併合されたり、ある王家の治める領域が複数の継承者に分割相続されたりして、現在のスペインの全領域を包括するような一つの王家が誕生するのには長いときを要した。

共同統治と「スペイン君主国」

一四六九年、カスティーリャ王国の王女イサベルとアラゴン連合王国の王子フェルナンド（ファラン）が結婚した。イサベルには、やがてアラゴン連合王国を継承するフェルナンドの支援を受けて王位を確実なものにするという狙いがあり、フェルナンドには、有力なカスティーリャ王国の援けを得て連合王国の内訌に終止符を打つ意図があった。

一四七四年に異母兄エンリケが死去するとイサベルは即位宣言し、エンリケの娘フアナの擁立を図るポルトガルに支援された勢力を退けて、七六年にはカスティーリャ王位継承を確実にした。七九年にフェルナンドがアラゴン王に即位して、カスティーリャとアラゴンの共同統治が実現し、やがてグラナダ王国とナバーラ王国も併合して、現在のスペインの領域を支配下に入れた。

カトリック両王という称号は、一四九六年に教皇アレクサンデル六世が二人に与えたものだが、婚姻協定に依って二人は、相手国の「王配」(王の配偶者)ではなく「共同統治王」となった。世継ぎが生まれればこの「同君連合」の単独君主となるはずであったが、一五〇四年、イサベルは継承王子を残さずに亡くなった。フェルナンドはアラゴン連合王国を独自に存続させようと再婚したが、子供には恵まれなかった。その結果、二つの王国は、ハプスブルク家のフィリップ(神聖ローマ皇帝マクシミリアン一世の子)に嫁いでいたファナが継承し、さらにその息子カールに引き継がれた。

王位継承にかかわる偶然が働いて両国の「統一」はその後も維持されるが、差し当たりは「同君連合」であって、法制度、議会、貨幣、租税、軍制などはそのままに維持された。いわゆる「スペイン」が領域的に実現したのであるが、一九世紀以後の国民国家スペインとは区別すべきで、カトリック両王期を「スペイン統一国家の実現」とする理解は正しくない。ただし、カタルーニャなどの近代地域ナショナリズムが唱えるように一八世紀初めまでおのおのが独立国家であったわけでもなく、近世の歴史過程を通じて徐々に、王権による諸国の統合と集権化が進んでいったことにも注意したい。

このように、諸王国・諸領邦が一人の君主(場合によっては共同統治の二人)によって治められる近世ヨーロッパの政体は、とくにイギリスの歴史家エリオットの提唱を受けて「複合君主政」と呼ばれている。スペインの場合は、一四七九年のカスティーリャとアラゴンの共同統治の実現がそうし

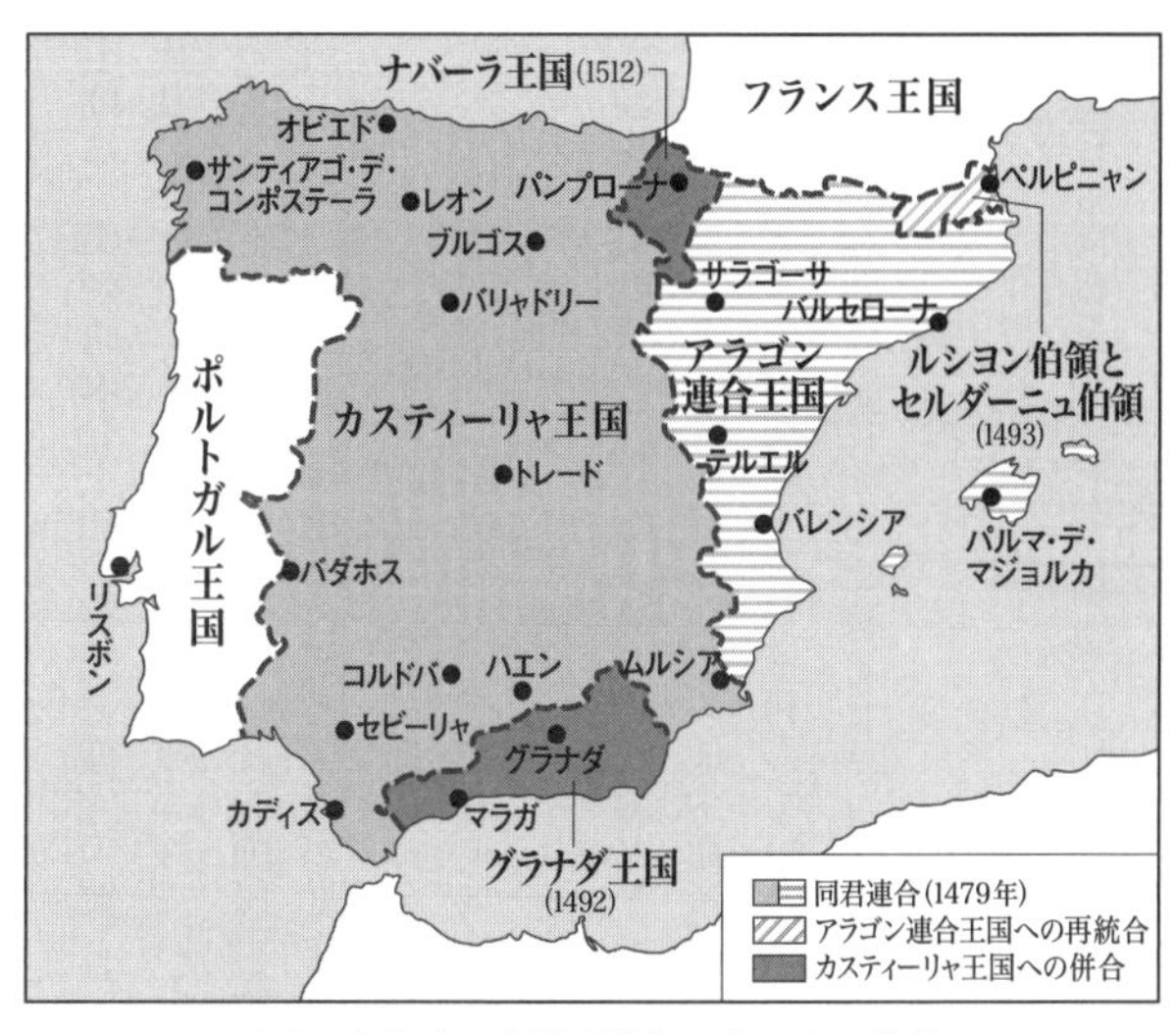

4-1　カトリック両王時代のイベリア半島

た政体の出発点であったことは間違いない。ただ、両王は「スペイン国王」という肩書を採用することはなく、正式な肩書はカスティーリャ王、アラゴン王、バルセローナ伯といった諸国の王のままにとどめたことに注目したい。一六世紀半ばに「スペイン君主国（モナルキーア・イスパニカ）」という呼称が一般化するが、このときも「スペイン国王」は通称にすぎなかった（第7講参照）。ちなみに「スペイン国王」という単一肩書が公式に使用されるのは一九世紀初めである。

なお、近世ヨーロッパの王位継承は長子相続が優先されていたが、そうした相続が叶わない場合には継承権をめぐる複雑な争いが生じた。他国の王朝との婚姻は、友好関係を築くだけでなく、継承権の順位次第では他国を自王朝下に置くことを可能にした。したがってカトリック両王を含めて「複合君主政」に立脚する王権は、婚姻政策を王朝の存続・拡大の要と位置付けていた。ちなみに近世ヨーロッパの国家は、歴史家によって「王朝国家」とも呼ばれている。

カスティーリャ王国の優位

両王の結婚は、伝統的国民史学が描くような両者同権ではなかった。カスティーリャ王国と比べてアラゴン連合王国はあまりにも小国だったからである。前者は人口が約四三〇万人で面積は三八万五〇〇〇平方キロだったのに対し、後者は人口が約八六万五〇〇〇人で面積は一一万平方キロにすぎなかった。

そのうえカスティーリャ経済はイギリスやフランドルへの羊毛輸出を軸にして順調に拡大し、大西洋交易も始まろうとしていたのに対し、バレンシア経済は回復したものの、アラゴンの停滞は否めず、カタルーニャにはかつての地中海帝国の面影さえなかった。しかもアラゴン連合王国には王権を制約する統治契約主義が根付いていた。したがって、共同統治王の二人にとって、トラスタマラ家の王朝を安泰にするにはカスティーリャ王国の統治を再編強化し、「強権的王政」を実現することが必要であった。

カスティーリャ王国に関しては、一四七六年、諸都市に割当てて歩騎兵のサンタ・エルマンダー(神聖都市同盟)を創設し、街道の治安回復に当たらせた。主要な都市には国王代官の恒常的派遣を決めて、地方の党派抗争を抑え込んだ。議会代表派遣都市の数も制限し、議会召集回数を少なくして、その政治力を削減した。有力貴族には前国王が付与した恵与を無効とする一方で、領地、租税徴収権、世襲年金などは改めて認知することで領主としての地位を保証した。

カタルーニャに関しては、一四八六年、グアダルーペ裁定を発して、ラメンサ農民の要求に部分的に応えて妥協的解決を図る一方、都市参事官(クンサリェー)選出に「くじ引き選出制」を導入して都市諸階層の対立を緩和した。フェルナンドは主としてカスティーリャに滞在して不在が増えたため、アラゴン連合王国諸国には副王を置き、一四九四年以後、宮廷にアラゴン顧問会議を設置した。しかし、連合王国の統治制度を変更することはなかった。

一四八〇年には異端審問制(後述)が設けられるが、教皇庁が中世に設けた異端審問制とは異なり、王権の主導に依った。この異端審問制の当初の狙いはマラーノの摘発に限定されていた。しかしやがて異端審問制は、諸国の特権の壁を超えたスペイン共通の制度となって、「カトリック君主国」とも言われたスペインの臣民統合の梃子になっていく。

四つの出来事

一四九二年には、スペインの歴史を左右する四つの出来事が重なった。第一の出来事は、カトリック両王のグラナダ入城で、これによりレコンキスタが完了した。第二の出来事は、ユダヤ教徒追放令の公布で、ユダヤ人は棄教か追放かを迫られた。

この二つの出来事の意味は大きい。イベリア半島では、王権の権威を受け入れる限り異教徒の宗教=法共同体の存続が認められてきたが、以後、キリスト教徒のみが臣民であることを許される社会となった。

もっとも、一四九二年の段階でイスラーム教徒追放は既定ではなかった。降伏協定では信仰と財産が保障されていたが、同化を強要する聖職者に反発してムデハル暴動が起こったため、一五〇二年、カスティーリャのムデハルに改宗勅令が出され、二六年にはアラゴンに拡大された。ユダヤ教徒追放令もキリスト教に改宗させることが目的であった。一〇万人のユダヤ人が半島を去ったが、改宗した者も多かった。

異教徒共同体を許容する政治文化は消滅したが、旧キリスト教徒が新キリスト教徒を同胞として受けいれることも容易くなかった。近世を「葛藤の時代」と評した歴史家がいたが、コンベルソと「モリスコ」(イスラームからの改宗者)の扱いをめぐる軋轢は、その後のスペインを特徴づける。

第三の出来事は、コロンブスが「インディアス」すなわちアメリカ新大陸に到達したことである。以後、この地の征服・植民、先住民への布教、富の収奪と、スペイン帝国の展開とは切り離せない。しかし「コロンブス交換」という歴史用語が歴史家クロスビーによって提唱されたように、人類史にとっての意味ははるかに大きい。歴史時代に入って以来交流のなかった二つの世界が遭遇したからである。ヨーロッパからの病原菌でアメリカ先住民の大量死が引き起こされた一方で、ジャガイモ、トウモロコシ、トマト、トウガラシ等の新大陸産の植物が世界の食文化を大きく変えていく。

第四の出来事は、人文主義者ネブリーハによるヨーロッパ初の俗語文法書『カスティーリャ語文法』の出版である。それまで「文法」といえばラテン語文法を指していたのだが、ネブリーハは俗語であるスペイン語(カスティーリャ語)の文法構造を明らかにした。この書は、スペイン語を君主国エリート層の共通言語に高めるのに資した。

伝統的国民史学ではイサベル女王は宗教的に高邁な君主として語られるが、当時の著述家たちはフェルナンドを高く評価していた。同時代のマキアヴェッリは、フェルナンドが「複合型の君主国」の統治に政治的手腕をふるったことを称賛したし、一七世紀にもグラシアンがその著書『政治家』でフェルナンドを「君主の鑑」とした。

王朝国家の婚姻政策

いずれにせよカトリック両王は、宗教の政治的有効性を知悉していた。「言語も風習も制度も異なる」諸地域の統合手段として宗教的一体性を重視するとともに、キリスト教世界の盟主たるためにフランスとの対抗を鮮明にした。ときの教皇が「カトリック王」の称号を二人に付与した理由の一つは、両王がフランスのイタリアへの介入を抑止したことにあった。一四九四年、フランスのシャルル八世はナポリの継承権を主張してイタリアに遠征したが、教皇、神聖ローマ皇帝、アラゴンなどの神聖同盟の対抗にあって撤退した。しかしフランスはその後もイタリア諸国の併合に向けて一六世紀半ばまで画策を続けた(イタリア戦争)。

そこでカトリック両王は婚姻政策で、イタリア支配をめぐって敵対するフランス王国を地政学的に包囲することを企図した。長女イサベルをポルトガルの王太子アフォンソに嫁がせ、その死後は

4-2 「カトリック両王の聖母」(作者不詳, 1491-1493年. プラド美術館). 聖母子に手を合わせるイサベルとフェルナンド

国王マヌエル一世に嫁がせたが、間もなく死亡した。その後三女マリアもマヌエル一世に嫁がせてイベリア半島での不安を取り除いた。四女カタリーナはイギリスの王太子アーサーに嫁がせ、その死後は国王ヘンリー八世に嫁がせた。次女フアナは神聖ローマ皇帝マクシミリアンの息子フィリップに嫁がせて、包囲網を確実にした。

しかし婚姻政策は、王位継承者の死去で思わぬ事態を招いた。両王の唯一の継承者が次女フアナとなったのだが、フアナは「狂女王」と称されたように統治不能であった。一五〇四年の母イサベルの死後、一五〇六年に夫フィリップが亡くなり、一五一六年には父のアラゴン王フェルナンドも亡くなると、スペイン諸領土の継承権はフアナの息子カールにわたった。カールは一五一六年、法的には母フアナが国王であるにもかかわらず(一五五五年の死去まで)、カスティーリャ王国とアラゴン連合王国の二つの王冠を戴く国王カルロス一世であると自ら宣言した。ハプスブルク朝スペインの始まりである。

2　ハプスブルク朝スペインの誕生と発展

コムニダーデス反乱

ブリュッセルの宮廷でカルロス一世として即位宣言したカールは、一五一七年、フランドル人の取巻きに囲まれて初めてスペインにやってくる。これまでイベリア半島と地中海に限られていたトラスタマラ家の歩みと、ハプスブルク朝スペインのそれとは大きく異なることが予想された。カルロスは一九年に神聖ローマ皇帝に選出されると、カスティーリャ王国議会に上納金を無理強いし、ドイツに発った。

カルロスは一五五六年に退位するが、治世を通じてスペインに滞在したのはわずか一六年間であった。カルロスの最大の関心は、ハプスブルク家所領の維持であり、神聖ローマ皇帝の責務を果たすことであった。彼はキリスト教普遍帝国の理念を追い求め、キリスト教世界を脅かすイスラーム勢力、帝権を認めようとしないフランス王、そして帝国内部のプロテスタントとの戦いに生涯を費やした。

帝国の利益にカスティーリャが従属させられることへの反発は、コムニダーデス反乱(一五二〇〜一五二一年)につながった。王国中央部の諸都市を中心に聖会議と称される「防衛の誓約団体」が結成されて、上納金の撤回、帝国よりもスペインの利益の優先、上質羊毛の輸出制限と国内毛織物工業の保護などが要求された。

フランドルへの羊毛輸出に関心のあったブルゴスは途中で都市反乱から離脱し、当初は帝国政策に反発して傍観していた貴族層も、反乱が反領主的性格を帯びると国王支持に転じた。国王軍がビリャラールの戦いで勝利すると、反乱は終息に向かった。同じ時期にバレンシア王国では、都市寡頭支配層に反発する職人たちが中心となってジャルマニーアの反乱を起こしたが、都市貴族や領主によって鎮圧された。この反乱はコムニダーデス反乱とはなんの連携もなかった。複合型の君主国では、諸国の枠を越える反乱の広がりはみられなかった。

一五二二年にスペインに戻ったカルロスは、七年間滞在して、カスティーリャの政治的安定に腐心した。王権と癒着するかたちで都市の寡頭支配が進み、都市代表からなる議会は王権に従順とならざるを得なかった。一方、カルロスは帝国政策を進めるうえでカスティーリャ王国からの税収に大きく依存するようになった。

遍歴の国王

言語も法制度もまったく異なるヨーロッパの諸王国・諸領邦を治め、帝国版図を防衛するために、カルロスは「遍歴の国王」とならざるを得なかった。国王が長く不在となることは各地の離反の種となったからである。カルロスは退位にあたって、「余は各地を転々として戦争と平和の日々を送ることを余儀なくされた。九度ドイツに行き、六度スペインで、七度イタリアで過ごし、一〇度フランドルへ来て、四度平時と戦時のフランスに、二度イギリスに入国し、二度アフリカに赴いた」と述べている。

もともとのハプスブルク家の所領と、母フアナから継承したトラスタマラ家の所領はあまりにも異なっていた。前者については早くから弟フェルディナントに皇帝代理として統治を任せていた。結局、ドイツでのプロテスタント諸侯の反乱に苦しんだカルロスは、一五五五年のアウクスブルク宗教和議で、「領土の属する者に宗教も属す（クユス・レギオ・エユス・レリギオ）」の原則を認め、キリスト教普遍帝国の夢を諦めた。

と同時にカルロスは、ハプスブルク家の領土を二分して保全する道を選んだ。一五五六年、弟フェルディナントはオーストリア大公に加えて神聖ローマ皇帝となって、オーストリア・ハプスブルク家の始祖となった。一方、カルロスの息子フェリーペは、スペイン国王フェリーペ二世となってそのイタリアやインディアスの領土を継承するとともに、ネーデルラント（現在のベネルクス三国とフランスの一部を含む地域）も相続した。スペイン・ハプスブルク家のこの広大な領土の支配は一七世紀末まで続く。

プロテスタントとの戦い、そして息子に託した夢

カルロスは結局ドイツにおいてはプロテスタント諸侯に妥協せざるを得なかったが、息子フェリーペに相続させようとした領地では、カトリック信仰の維持と異端の撲滅に努めた。と同時に、ハプスブルク家の覇権に挑むフランスに対抗するために、フランス包囲網を完成させようとした。

イベリア半島ではポルトガルとの友好関係を確実にしようとして、自身がポルトガル王女イザベルを王妃に迎えただけでなく、息子フェリーペの最初の結婚相手にイザベルの姪のマリア・マヌエラをあてがった。マリアが死去して九年後、今度はイギリス女王メアリー一世を結婚相手に指名した。メアリーはイギリスのカトリック復帰を図っており、フェリーペとの結婚で世継ぎが生まれれば、スペインとイギリスの同君連合が実現するはずであった。そうすればフランスへの強力な対抗の布陣ができるとともに、ネーデルラントのカルヴァン派の動きを抑えることも可能になると目論んだのである。しかし二人の間に子供は授からなかった。メアリー死後、エリザベス一世が即位して国教会に戻り、イギリスはスペインと明らかに敵対する。

一五五六年にカルロスは退位したが、翌年、スペインはサン・カンタンでフランス軍に大勝利を治める。これで一五世紀末からのイタリア戦争は終息に向かった。さしあたりフランスの脅威は去り、退位してスペインのユステ修道院に隠居したカルロスの最大の心配事は、スペイン国内の異端の動きであった。一五五八年にバリャドリーとセビーリャでルター派の存在が発覚するとカルロスは、異端の芽を摘み取るように息子フェリーペに厳しく勧告した。同年九月にカルロスは没し、翌年にフランドルからスペインに戻ったフェリーペは、カトリック信仰堅持のために対処することになる。

3　フェリーペ二世と「カトリック君主国」

帝都マドリードの設置

「遍歴の国王」として諸王国・諸領邦を治めたカルロス一世と異なって、息子フェリーペ二世はスペインのカスティーリャ王国を拠り所に広大な領土の統治を図った。のちにフェリーペは君主の心得を以下のように語っている。「諸国を訪ねて何が必要か気にかけることは君主には不要である。心臓は、身体の隅々に活力を与えるために各部位を探したり、自分の居場所から出たりはしない」。

この「心臓」の場として選ばれたのが、マドリードだった。それまで宮廷(移動宮廷)はバリャドリーやトレードに置かれることが多かった。マドリードを選んだのには理由がある。バリャドリーには貴族館が蝟集して、国王が伝統的貴族層の掣肘から自由になりにくく、トレードには首座大司教座が置かれていて教会権力が強かったのに対し、地方都市の一つにすぎないマドリードでは伝統的な聖俗の力は弱かったからである。フェリーペは、下級貴族や商人家系出身の文官を重視し、彼らを国王顧問会議の秘書局に配置した。

一五六一年以後、マドリードは事実上の帝都としての地位を得て、スペイン君主国を統べる常設の諸機関がここに設けられた。多くはカルロス一世時代のものを受け継いだが、文官を頼みとして強化した諸顧問会議は、分野別と地域別のものが設けられて、前者には財務、十字軍特別税、国務、宗教騎士団、異端審問の各会議が、後者にはカスティーリャ、アラゴン、インディアス、イタリア、ポルトガル、フランドルの各会議があった。つまり、スペイン君主国共通の問題についての答申と各王国・地域の問題についての答申とが、諸顧問会議を通じて国王になされる仕組みになっていた。フェリーペは「書類王」とも「慎重王」とも称されたが、これらの膨大な答申を読んで政策を決めるのが日課であった。

スペイン異端審問制とカトリック君主国

上述のように、一六世紀半ばから「領土の属する者に宗教も属す」の原則が浸透すると、ヨーロッパ諸国の君主は、カトリックであれプロテスタントであれ、宗派的立場を明確にするとともに、臣民の信仰上の一体化を進め、宗教的・社会的規律化を強めていった。これは「宗派体制化」といわれる。スペイン君主国はカトリックの信教国家として宗教的統制を強化するが、その最大の道具が異端審問制であった。

世紀初めに多くの犠牲者を出した末に偽装改宗者の問題が下火になると、異端審問制も不活発になっていたが、一五五八年にバリャドリーとセビーリャでルター派の拠点が発見されたことをうけ、翌年に異端審問所は再編強化された。「カトリック君主国」としてカトリック信仰を拠り所に諸王国・諸領邦の広大な領土を統合する王権は、プロテスタント宗教改革のみならず、神秘主義的な動きを含めて正統信仰からの逸脱を許容できなかった。宗教改革に対抗してカトリック教会が進めた信仰上・道徳上の刷新運動を歴史学では「対抗宗教改革」と呼ぶが、これを教義的に位置づけたトリエント公会議(一五四五～一五六三年に断続的に開催)では、スペインの聖職者たちが主導的役割を演じた。

王権は、各地の異端審問所を通して、臣民の民衆宗教の信奉や宗教規範からの逸脱を監視・統制する動きを強めた。異端審問所の監視は、冒瀆・瀆神の言動から、姦通や重婚、魔術行為、さらに聖職者の求愛行為にまで向けられた。前近代の監視装置の効果を過大視してはならないが、異端審問制が宗教的・文化的寛容の土壌形成を拒み続けたことに疑いはない。この制度の最終的廃止は、じつに一八三四年である。一方で、魔女狩りはスペインではほとんどなかったことに注目したい。異端審問所は魔女の宗教的認定には慎重で、人びとの魔女狩りの熱狂から犠牲者が生まれることに抑止的に作用したからである。

さらに王権は、モリスコの実質的なキリスト教化を目指して、アラビア語や特有の風俗・習慣を禁圧する措置を取った。異端審問制は、とくにグラナダ、バレンシア、サラゴーサでモリスコへの監視を強めたのである。これに反発するグラナダのモリスコは、一五六八年に大規模な反乱を起こし、アルプハーラス山地で二年間にわたって抵抗した。敗北後、グラナダのモリスコは、キリスト教社会への同化のため、カスティーリャの各地へ強制移住させられた。しかしこれは、モリスコと旧キリスト教徒の間のさらなる軋轢をうみだすことになる。

度重なる戦争とその負担

フェリーペ二世の時代は、カトリック君主国の覇権、当時の言葉では「名声(レプタシオン)」の維持のために敵対諸国との抗争に明け暮れた。その四二年の統治の間、一五七七年二～七月の時期を例外として、地中海、イギリス、フランス、ネーデルラント、インディアス、アジア、アフリカ、イベリア半島のどこかで戦闘が繰り広げられており、世に言う「太陽の沈まぬ帝国」(当時流布したこの言葉の起源には諸説ある)は「戦争の絶えぬ帝国」であった。

サン・カンタンで勝利したフランスとはカトー・カンブレジ条約(一五五九年)を結んで同盟関係に入った。翌年フェリーペは、三番目の妻にイサベル・デ・ヴァロワ(エリザベート・ド・ヴァロワ)を迎えた。六二年からフランスでは数次の宗教戦争が起こり、スペインはユグノーに対立するカトリックを支援したが、九八年、フランス王アンリ四世はユグノーに一定の信仰を認めて戦争を終結させた。介入の口実を失ったフェリーペは、同年にヴェルヴァン条約を結んで和睦した。

イサベルとの一〇年の結婚生活の後、フェリーペは男子の世継ぎをもうけるために、一五七〇年に四度目の妻としてアナ・デ・アウストリア(アンナ・フォン・エスターライヒ)を迎えた。そして幸いにフェリーペ(三世)が誕生するが、二人は伯父・姪の間柄であり、王朝国家の連続性を保つためのこの近親結婚の弊害がやがて現れる。しかしスペインとオーストリアの両ハプスブルク家の関係はより強固となった。

地中海については、一四五三年にビザンツ帝国を滅ぼし一五二九年にはウィーンを包囲するなど勢力拡大を続けていたオスマン帝国の脅威に立ち向かわねばならなかった。スペイン、ヴェネツィア、教皇庁の神聖同盟が結ばれて、一五七一年、ギリシアのレパント沖の海戦でキリスト教徒連合が勝利した。喧伝されたほどの打撃をオスマン帝国に与えはしなかったが、その後、西地中海での大きな戦闘は免れた。

スペインを最も苦しめたのは、ネーデルラントの反乱であった。同地方を構成する一七州ではそれぞれの特権が強固であり、一六世紀半ばには各地にカルヴァン派が浸透していた。中央集権化と異端弾圧を強めるフェリーペ二世への反発が強まるのは避けがたく、一五六八年、北部七州の独立につながる「オランダ独立戦争」が開始された。南部一〇州（フランドルを含む南ネーデルラントで、おもに現在のベルギーとルクセンブルク、北フランスの一部）はスペインに帰属したが（スペイン領ネーデルラント）、北部は八〇年代には事実上の独立国オランダとなった。一六四八年まで続くこの戦争のために、スペインは多大の人的・物的損害を被った。

一五八〇年にはポルトガルの王位継承に介入し、翌年、フェリーペはポルトガル王を兼ねることになった。この同君連合が実現して、スペイン・ハプスブルク家の支配領域は文字通り「地球だけでは足りない」と豪語されるほどに広がった。しかし「太陽の沈まぬ帝国」は、一五八八年、イギリス女王エリザベス一世を倒すべく派遣した無敵艦隊の敗北（アルマダの海戦）によって大きく揺らぐ。

4-3　建設中のエル・エスコリアル修道院(ファブリツィオ・カステッロ作, 1576年)

対外戦争の財政負担は、カスティーリャ経済に重くのしかかった。世紀半ばまでは、フランドルへの羊毛輸出に加えて新たなインディアス市場の需要もあって、カスティーリャ経済は順調に発展し、諸都市の人口増加も著しかった。しかしオランダ独立戦争はフランドルとの交易を困難にし、借款利子の支払いに苦しむ王権が国庫支払い停止宣言(短期借款の長期公債への強制的切り替え)を繰り返すと、国際金融業者の離反を引き起こした。

困難を緩和したのは、アメリカ銀の流入であった。世紀半ばに、メキシコのサカテカスや南アメリカのポトシでの銀山発見とアマルガム法導入によって、莫大な銀が産出されることになった。この時代に、正貨としての銀は、各地に軍隊を駐屯させる王権にとって貴重であった。国際金融業者からの資金借り受けの信用として機能したからである。

しかしこれだけでは足らず、カスティーリャからの王室収入を増やすために一五九〇年、ミリョネス税(特定食料品に課す消費税)が導入された。王国議会はこれに同意するも、王室の外国への介入に批判の声を強めた。

エル・エスコリアル修道院（一五六三〜一五八四年に建設）は、フェリーペの「名声」を内外で高めたが、疲弊した民衆には怨嗟の的であった。マドリードでは庶民女性ルクレシアが予知夢で評判を取ったが、その内容はフェリーペへの痛烈な批判であった。異端審問所に逮捕されてルクレシアの声は聴かれなくなるが、巷では「国王が亡くならなければ、王国が亡くなる」という言葉が流布したとされる。

4　大航海時代と「太陽の沈まぬ帝国」

新大陸の征服と植民

コロンブスの到達した場所は本来の目的地であるアジアではなく、ヨーロッパ人にとって未知の地であり、広大な新大陸アメリカの一部であったことが分かってくる。スペインが征服・植民を進めたアメリカ（スペイン領アメリカ、一九世紀以後はラテンアメリカ）は、植民地期には「インディアス」と呼ばれていたために、本書でも一八世紀まではこの呼称を使っておく。

さて、インディアスの征服事業の多くは、王室の認可を受けたとはいえカスティーリャ人征服者たちによる私的事業であった。一五二一年にコルテスがアステカ帝国を、一五三三年にはピサロがインカ帝国を征服した。二つの帝国は高度な農耕文明に基づく先住民(インディオ)の国家であったが、支配に反発する先住民部族もいた。スペイン人征服者は、火器などの軍事技術上の優位に加えて、先住民社会の対立を利用してその制圧に成功した。

王権は、征服者たちの成果を横領するためにインディアス統治に関わる制度を整備していった。法的にはインディアスはカスティーリャ王国の王冠(コローナ)の下に治められる王国(レイノ)とされて、カスティーリャ王国に単なる属領・植民地として編入されたわけではない。しかし実際には、国王は宮廷内にインディアス顧問会議を設けて、本国からのインディアス統治を一方的に整備した。征服地にはカスティーリャの都市制度に倣って植民都市が建設され、市参事会が設けられた。北部のヌエバ・エスパーニャ(メキシコ)副王領と南部のペルー副王領の二つの副王領が設けられ、本国から派遣された「副王」が現地の最大権威となった。さらに各地には司法行政機関として聴訴院が置かれた。と言っても、大西洋を跨ぐという物理的制約は大きくチリ南部のように本国の支配がまったく及ばない地域もあった。南アメリカの実質的征服には多くの時間を要した。またスペイン語はあくまでエリート層の共通言語であって、植民地時代には三割程度の住民しかこれを話していなかったとされる。

王権は征服者たちの権力の濫用を恐れてインディオの奴隷化を禁じる一方、植民者の要求に応えてエンコミエンダ制を導入した。植民者は、キリスト教化と保護の名の下に委託されたインディオを労働力として利用できたのである。これは実際には労働力搾取であり、インディオの虐待酷使を告発する声が現地に赴いた修道士たちから上がった。

なかでもラス・カサス(一四七四〜一五六六)はインディオ保護を精力的に訴え、スペイン人入植者を弾劾した。こうした聖職者の尽力で一五四二年にカルロス一世はインディアス新法を制定して、エンコミエンダ制の廃止を決定した。しかし植民者の反発をまえに、その廃止は遅々として進まなかった。一五五〇年から翌年にかけて、カルロスはインディアス会議の答申を受けて、インディアス問題を討議する委員会を設置した。このバリャドリー論争で、ラス・カサスとセプルベダは征服戦争の正当性を巡って激しく論争した。

征服の正当性をめぐって

しかし、上述のようにインディアスで莫大な銀が産出されるようになると、フェリーペ二世の関心は労働力確保に向けられた。「ミタ」と呼ばれる賦役制の導入を認め、一五六八年、七七年と、聖職者たちがインディアス問題に関して論述することを禁じている。

しかしラス・カサスは一五五二年に『インディアスの破壊についての簡潔な報告』を出版していた。この書物に、やがて国王となるフェリーペへの「献辞」を添えて、植民者たちが「神の栄誉を傷つけ、王を毀損している」と訴えた。この書物はスペインでは五六年に回収が命じられたが、敵対する諸国で繰り返し翻訳出版されて、スペイン人の残忍性を非難する「黒い伝説」の格好の材料となった。

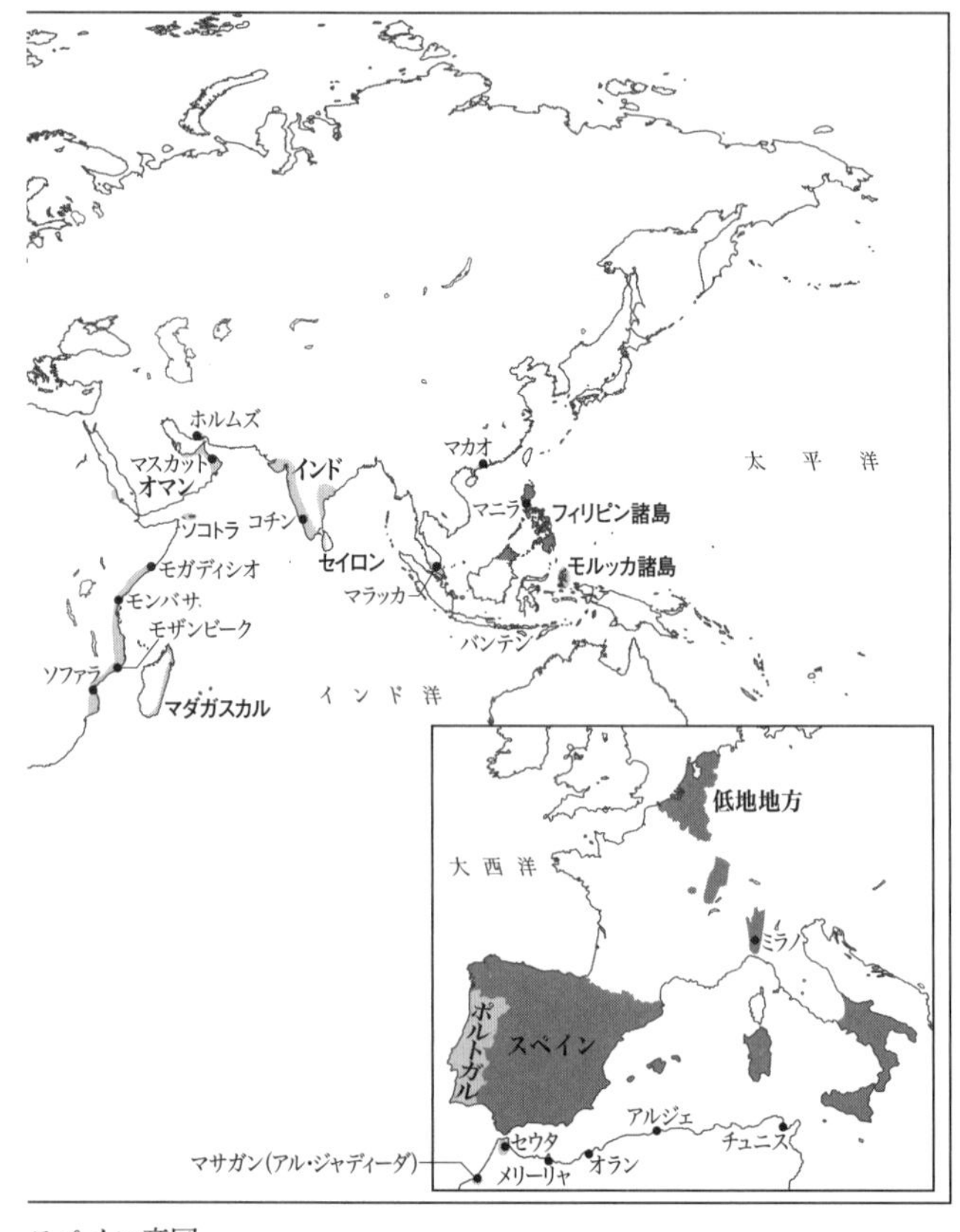
ホルムズ
マスカット
オマーン
インド
マカオ
太平洋
マニラ
フィリピン諸島
ソコトラ
コチン
モガディシオ
セイロン
モルッカ諸島
マラッカ
モンバサ
モザンビーク
バンテン
ソファラ
マダガスカル
インド洋
低地地方
大西洋
ミラノ
ポルトガル
スペイン
アルジェ
チュニス
セウタ
マサガン(アル・ジャディーダ)
メリーリャ
オラン

スペイン帝国

アソーレス諸島
マデイラ諸島
カナリア諸島
タンジール
アゼムル
フロリダ
ルカーヤス
メキシコ
アカプルコ
ベラクルス
キューバ
ラ・エスパニョーラ
ヴェルデ岬諸島
サン・ジョルジェ・ダ・ミナ
ビサゴス諸島
ヌエバ・エスパーニャ
カラカス
キト
ベレン
サン・ルイス
フェルナンド・ポー
アセンシオン
ブラジル
リマ
ラ・パス
サン・パウロ・デ・ロアンダ
バイーア
サンタ・エレナ
ペルー
リオ・デ・ジャネイロ
太平洋
サンティアゴ
ブエノス・アイレス
トリスタン・ダ・クーニャ
大西洋
トルデシーリャス条約(1494年)による分界線
スペイン領土
ポルトガル領土

4-4　1600年頃の

ところでインディオ人口の激減は、スペイン人の残虐行為にも増して、新大陸にはなかった天然痘などの疫病によるところが大きかった。王権はインディオの奴隷化は許さなかったが、植民者の要求に応えてアフリカからの黒人奴隷の導入は許可した。インディオ保護を訴え続けたラス・カサスも当初はこれをやむなしと考えていた。一六世紀末からはポルトガル商人が、一八世紀にはイギリス商人が王権から奴隷供給権(アシエント)を与えられて大量の黒人奴隷をインディアスに送り込んだ。カリブ海地域などの歴史は黒人奴隷の存在を抜きにして考えられない。

一九九二年に「アメリカ発見五〇〇周年」を祝ったとき、先住民を考慮しないヨーロッパ中心主義だとの批判を受けてスペインは、「二つの世界の出会い」に行事の名称を変更した。だが、黒人奴隷とその子孫が植民地社会をつくるうえで重要であったことも認識すべきであり、「三つの世界の出会い」にすべきだという批判が起こったことは記憶すべきであろう。キューバの砂糖プランテーションに絡んでいたスペインの資本家たちは、奴隷制の廃止に一九世紀末まで反対した。

アジアに広がるスペイン帝国

コロンブスの航海と同じ時期、ヴァスコ・ダ・ガマによるインド航路の発見によって、インド・東南アジアは一六世紀初頭にはすでにポルトガルの勢力圏に入っていた。これに対し、一五二一年にカルロス一世の支援を受けたマゼラン(マガリャンイス)が太平洋を横断してフィリピンに到達し、一五二九年のポルトガルとのサラゴーサ条約でこれはスペインの領有となった。しかしその開発が進むのは六〇年代に入ってからであった。一五七一年にマニラ市が植民地首府となり、マニラとアカプルコ（メキシコ）間のガレオン貿易が本格化した。

マニラ・ガレオンは、中国の陶磁器や絹織物をインディアスにもたらし、サカテカスやポトシの銀がマニラを経て中国へと流れていった。以後二五〇年間、マニラはスペイン帝国の交易ネットワークとアジアの交易ネットワークの結節点となった。

ポルトガル商人の活躍にあわせて、東南アジア、東アジアでの布教は主にイエズス会士が担ったが、日本ではキリスト教の影響が危惧されて、一六一二年に布教が禁止された。そうした状況のなか、一六〇九年、マニラを発ったガレオン船が千葉県沖に漂着した。その救出の答礼として一六一一年にビスカイノの使節が駿府にやってきたが（そのときの献上品の南蛮時計が久能山東照宮に現存）、キリスト教布教を拒む日本との通商交渉は進まず、お目当ての「金銀島」発見もできなかった。

一六一三年にビスカイノが帰国の際に乗った船は、伊達政宗が派遣した支倉常長（はせくらつねなが）の慶長遣欧使節団のものだった。支倉常長は、メキシコからスペインに旅して、一六一五年にフェリーペ三世に謁見するも、なんの成果も得られずに謁見から五年後に帰国した。スペイン帝国はキリスト教布教を外交交渉の条件として譲らなかった。一行に付き添ったフランシスコ会宣教師ソテーロは、その後マニラから禁教令の出されていた日本に密入国したが、捕えられて処刑された。

第 5 講

スペイン君主国の衰退

17 世紀

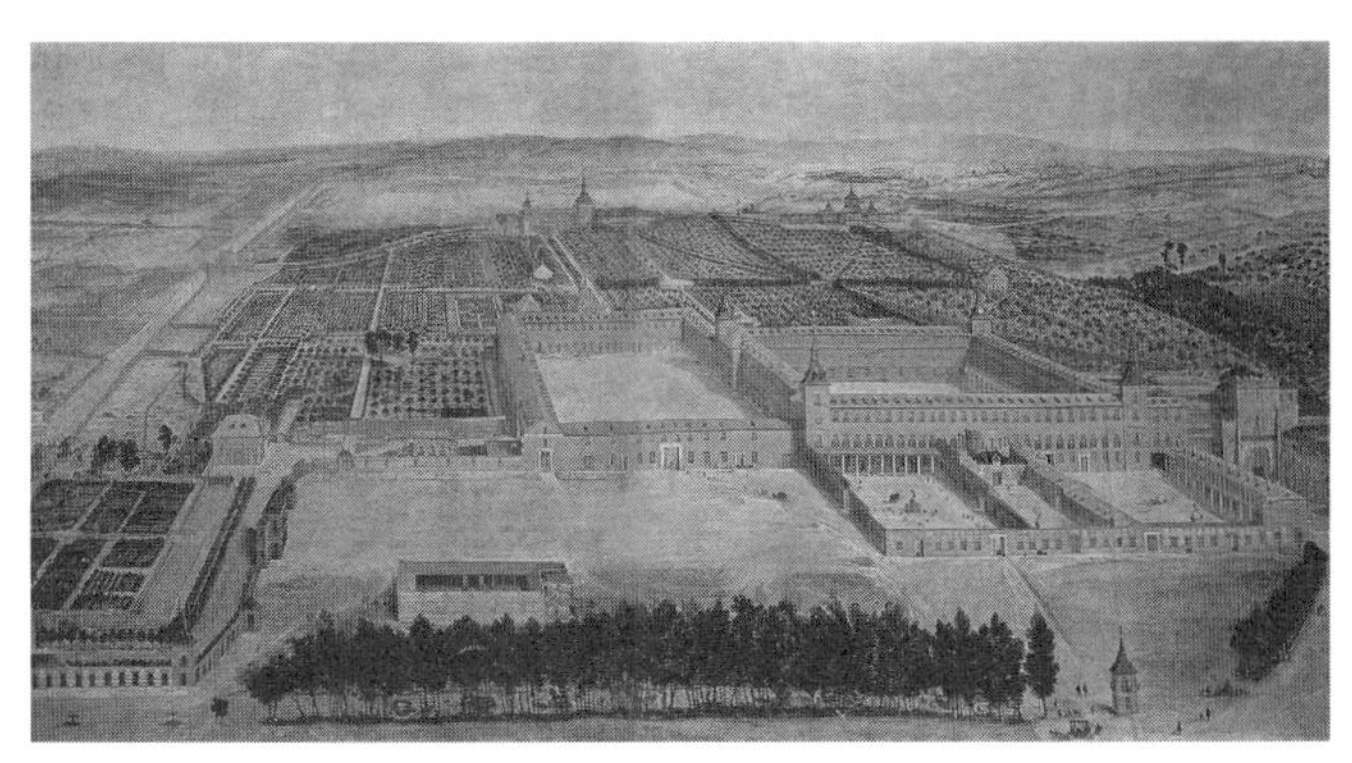

ブエン・レティーロ宮の全景
（フセーペ・レオナルド画，1636～1637 年．マドリード市歴史博物館）

1598	フェリーペ3世即位．寵臣レルマ公，実権掌握
1604	イギリスとのロンドン条約
1609	オランダとの休戦協定(〜1621)
	モリスコ追放令(〜1614)
1615	慶長遣欧使節，フェリーペ3世に謁見
1618	三十年戦争開始(〜1648)
1621	フェリーペ3世没，フェリーペ4世即位．寵臣オリバーレス伯公爵，実権掌握
1625	スペイン軍，オランダの要衝ブレダを陥落
	オリバーレス，「軍隊統合計画」の具体化
1635	フランス，スペインに宣戦布告
1640	カタルーニャで反乱(〜1652)
	ポルトガル，ブラガンサ公の下で独立反乱
1647	ナポリとシチリアで騒乱
1648	ウェストファリア条約
1659	フランスとのピレネー条約，フランスに北カタルーニャを割譲
1667	フランスとの帰属戦争(〜1668)
1668	リスボン条約，ポルトガル独立を承認
1672	オランダ戦争にオランダの同盟国として参戦(〜1678)
1688	アウクスブルク同盟戦争(〜1697)
1697	フランス軍，バルセローナに侵攻
	ライスワイク条約締結
1700	カルロス2世没，ハプスブルク朝スペイン断絶
	アンジュー公フィリップ，フェリーペ5世として即位．ブルボン朝スペイン開始

1 「スペイン君主国」と帝都マドリード

フェリーペ三世とモリスコ追放

フェリーペ二世は異端者には厳しい態度で臨んだが、異教徒のキリスト教への同化の道を捨て去ることはなかった。したがって最後までモリスコ追放には賛同しなかった。一五九八年に即位した息子フェリーペ三世は、父の莫大な借款を引き継ぎ、積極的対外政策を展開する余裕はなかったが、フランスとの和睦後、イギリスとは一六〇四年にロンドン条約が結ばれて、交戦状態から抜け出した。さらに寵臣レルマ公に従ってオランダとの休戦協定に漕ぎつけた(一六〇九〜一六二一年)。

この頃にはマグリブの私掠船が地中海沿岸をたびたび襲っており、モリスコがその手引きをしているのではないかという危惧の声が広まっていた。ヨーロッパ諸国との戦争状態から抜け出したいま、同化の進まないモリスコを余力の出た船で国外に追放しようという案が浮上した。

一六〇九年から一六一四年にかけて半島から追放されたモリスコの数は、三〇万人に上った。アラゴンでは人口の約二割、バレンシアでは約三割を占めていたモリスコの農民や手工業者を失って、経済は深刻な打撃を受けた。しかしカスティーリャではその数は一〇万人ほどで人口の約二%に過ぎず、追放の影響は限られた。スペイン君主国の全体としてみれば、実質的には異教徒であった大集団を整然と追放したことで王権の威信を高める結果になった。ここに「カトリック君主国」による宗派体制化が強行されたのであった。

スペインは一七世紀初めを、「ローマの平和」に準えて「スペインの平和（パックス・ヒスパニカ）」と称した。だが、一六一八年、ボヘミアのプロテスタント貴族と神聖ローマ皇帝との対立に端を発した戦争は、ドイツを主舞台にしつつヨーロッパ諸国を巻き込んだ。スペインはオーストリア・ハプスブルク家を支援し、この三十年戦争への関与を強めていった。

フェリーペ四世と寵臣オリバーレス

一六二一年、フェリーペ四世が即位すると、その寵臣となったのはのちに伯公爵（コンデ・ドゥーケ）と呼ばれるオリバーレス伯ガスパール・デ・グスマン（一五八七～一六四五）であった。オリバーレスは一六四三年に失脚するまで二〇年以上にわたって、スペイン君主国の経済的立て直しと国際社会での「名声」回復のために尽力した。

前王時代の寵臣たちの腐敗を糾弾して官僚の綱紀粛正に努め、「大改革評議会」を創設した。そこでは財政の削減と合わせて、奢侈品輸入を制限し商業活動を活発化させるための方策が議論された。しかし、新たな金融公庫の創設といった大評議会の改革要項に対してはカスティーリャ王国議会の反発が強く、ほとんどが凍結された。また商業活性化のためにはユダヤ系の多いポルトガル商人・金融業者の受け入れが必要であると考え、「血の純潔規約」には批判的だったが、その撤廃には至らなかった。

一六二一年にオランダとの戦争が再開しており、さらにヨーロッパ規模での戦争に介入して「名声」を回復するには、スペイン君主国を構成するカスティーリャ以外の諸国にも相応の財政的・軍事的負担を要求する必要があった。長年にわたる帝国維持の戦争はカスティーリャ経済に重く圧し掛かっていたが、一五九〇年代以後、天候不順と疫病蔓延も重なって農業生産は大きく落ち込み、これ以上の人的・物的負担をカスティーリャに課すのは難しかったからである。

一六二四年にオリバーレスがフェリーペ四世に宛てた進言書は、彼の政治理念を明確に表している。「ポルトガル、アラゴン、バレンシアの国王、バルセローナ伯であることに満足されず、スペインを構成するこれらの王国をカスティーリャの形式と法に則って治められる」ことで初めて「あなた様がスペイン国王(レイ・デ・エスパーニャ)となられる」、と彼は述べている。スペイン君主国は凝集性を欠く「複合君主政」であり、こうした法的・制度的状態を揚棄することが、一七世紀の国際政治でスペインが優位を保つには必要だとしたのだ。しかしこの政治理念を実行に移そうとすると、諸王国からの激しい抵抗を受けた。

この君主政の強化は、多言語状況の解消を意図するものではなかった。同じ進言書のなかでオリバーレスは、カスティーリャ貴族の子弟教育について、「スペイン語、ポルトガル語、リムーザン語〔カタルーニャ語を指す〕、ラテン語、イタリア語、フランス語を完全に読めなければならない」と述べている。諸国臣民の統治にはさまざまな言語の修得が必要だったのである。

オリバーレスの政治理念は、「軍隊統合計画」として具体化した。総勢一四万人の兵員徴募をスペイン君主国支配領域の諸王国に割り当てて、統一的で機動的な常備軍を創設しようとする計画であった。カスティーリャとインディアスに四万四〇〇〇、カタルーニャ、ポルトガル、ナポリに各一万六〇〇〇、フランドルに一万二〇〇〇、アラゴンに一万などという割り当てが決められた。カスティーリャ、フランドル、ナポリからの徴募はおおよそ成功したが、アラゴン連合王国諸国の反発は激しかった。

軍隊統合計画と諸王国の抵抗

一六二六年、アラゴン連合王国に赴いたフェリーペ四世とオリバーレスは、各議会に計画の受諾を求めた。アラゴンとバレンシアの議会は域内の兵士徴募を拒んだものの、一部戦費の負担は受け入れた。しかしカタルーニャでは、議会は一切の協力を拒んで審議未了となった。国王は一六三二年に再び議会を開くが、やはり審議未了となった。

王権との緊張が高まるなかで、カタルーニャ議会と議会常設代表部を擁護し、統治契約主義の伝統を称える著述が盛んに出版された。王権の過度の要求に抵抗したのは事実だが、これらの組織はカタルーニャ国民史学が謳うような民主的代表機関ではなく、あくまで特権諸身分の利益を守るものだった。例えば、一六世紀末にバルセローナのギルドが生活困窮を訴えた時、議会は抑えにかかり、職人たちはスペイン国王に直接に「公共善」の実現を求めている。後述の一六四〇年の民衆蜂起は、カスティーリャ軍への反発とともにカタルーニャの支配層に向けられたものでもあった。

劇場都市マドリード

一六二〇年代にスペイン軍は、まだ敵対諸国の侵攻を押しとどめる力があった。一六二五年は「奇跡の年」と称されたように、オランダの都市ブレダの開城やブラジルのバイーアの回復(後述)を含め、重要な勝利を収めている。しかし一六三〇年代に入るとフランスとの直接の対決も生じて、三九年にはダウンズの海戦でオランダ艦船に撃退され、四三年にはロクロワの戦いでフランス軍にスペインの誇る歩兵連隊が打ち負かされた。

一六三〇年代にマドリードの中心部東側に建てられたブエン・レティーロ宮は、スペイン帝国の「名声」を内外に誇示する意図をもっていた。財政難から建物は煉瓦造りとなったが、内装には王権を称揚する当時の有名画家の絵画がふんだんに使われた。とくに「諸王国の間」は、天井にスペイン君主国を構成する二四の王国の紋章が描かれて、複合君主政の一体性を強調していた。さらに東西の壁面には、ベラスケス(一五九九～一六六〇)の描く前国王フェリーペ三世夫妻と現国王四世夫妻、そして王位継承王子であったバルタサール・カルロスの肖像画が飾られて、スペイン・ハプスブルク王朝の連続性が強調された。南北の壁面には「奇跡の年」の勝利を含めて一二枚のスペイン軍勝利の場面を描いた絵画が飾られ

5-1 「諸王国の間」の復元図(Carmen Blasco による)

て、スペインの権勢が表徴された。いまこれらの絵画はマドリードのプラド美術館にばらばらに展示されているが、当時これらの絵画がもった意味を知るには、飾られていた場所「諸王国の間」の復元が必要であろう。

加えて帝都では、王位継承、新王妃の到来、王子や王女の誕生、軍事的勝利といった際に、国王夫妻が西のアルカサル宮と東のアトーチャの聖母修道院などを往来する式典が催されていた。とくにキリスト聖体(コルプス・クリスティ)の宗教行列には、国王、都市参事会、そして聖職者、貴族、ギルドなどの各団体が整然と参列し、スペイン君主国＝カトリック君主国の社団的権力秩序が誇示された。ピーター・バークの言葉を借りれば、「主要な通りや広場が壮観な政治＝宗教の表象の舞台となる《劇場都市》」となったのである。

2 一六四〇年代の危機

カタルーニャの反乱

フェリーペ二世の時代から広大な領土をもつスペインは「太陽の沈まぬ帝国」と称えられていたが、フェリーペ四世の時代には、国際政治の舞台での覇権はすでに大きく揺らいでいた。その衰退を決定づけたのは、一六四〇年代に生じた君主国を構成する諸国の相次ぐ反乱・蜂起であった。

三十年戦争の経過のなかで、オーストリアとスペインの両ハプスブルク家によるフランス包囲網が築かれることは、フランスが最も避けねばならないことだった。一六三五年、フランスはスペインと戦端を開き、スペイン領ネーデルラントとの国境で戦闘が繰り広げられた。さらにスペイン本国への侵攻の機会をうかがったため、北東部カタルーニャは戦略拠点となって諸村落にカスティーリャ軍が駐屯した。一六四〇年五月、このよそ者の軍隊に対する民衆の反発が領主や都市貴族への社会的不満と結びついて、各地で民衆蜂起が起こった。同年六月七日、バルセローナ市内で「キリスト聖体の日」宗教行事参加に近隣から集まった「刈取り人」(収穫小麦の刈取り農夫)が暴動を起こし、副王サンタ・コローマ伯の殺害に発展した。カタルーニャ議会常設代表部は、民衆反乱が社会革命に転化することを恐れ、かつカスティーリャ軍に抵抗するために、フランス王ルイ一三世を君主として戴くことを決議し、その庇護下に入ることを選択した。

しかし領内に引き入れたフランス軍による略奪行為の頻発、フランス商人とバルセローナ商人の軋轢などによってフランスへの同調者は減り、戦争の長期化による厭戦気分が全体に高まった。三十年戦争を終結させたウェストファリア条約(一六四八年)でオランダが正式に独立し、オーストリアとスペインの両ハプスブルク家はヨーロッパの政治のなかで劣勢に置かれていたため、フェリーペ四世はカタルーニャに強硬的態度で臨むことができなかった。一六五二年、カタルーニャ公国は懐柔的条件の下でスペイン王権下に復帰した。

カタルーニャ国民史学では、この反乱(「刈取り人戦争」)はもっぱら中央集権的マドリードへの民族的抵抗として想起され、この反乱でのカスティーリャ人への抵抗を謳った「刈取り人」の唄は一九世紀末から民族歌とされている。しかし先にも述べたように特権諸身分と民衆層の亀裂は明らかであって、王権に忠実な地域も少なくなかった。過去の出来事に過度の社会的・地域的「一体性」をみる解釈には注意したい。

ポルトガルの独立

一六世紀末にポルトガルはスペイン帝国の一員となることで、その海洋帝国の維持発展に期待を寄せた。スペイン帝国が提供する新大陸の銀とマニラ―アカプルコ航路には、アジア交易の機会拡大が期待された。しかし一六二〇年代以後、オリバーレスによる増税や徴兵の要求が強まり、くわえてスペインと対立するオランダやフランスはポルトガル海洋帝国への脅威となった。とくに、ポルトガルが一六世紀初頭から植民地化を進めていたブラジルは、一六二四年にバイーアが占領されるなど(翌年回復)、オランダによってたびたび攻撃を受けた。また三七年には、増税に反対する暴動がエヴォラから各地に波及した。

一六四〇年、カタルーニャの反乱に苦しむオリバーレスは、ポルトガル軍を同地に送り込もうとしたが、これに反発するポルトガル貴族はブラガンサ公を推戴してハプスブルク朝からの独立を宣言した。五二年にカタルーニャ反乱を鎮め、五九年にフランスと和約を結ぶとスペインは、ポルトガルへの攻勢を強めた。しかしポルトガルは植民地交易を開放するという条件でイギリスの強力な支援を獲得し、六八年のリスボン条約でスペインと和約した。以後ポルトガルは、イギリスに従属しながらイベリア半島での独立を維持した。

一六四〇年代には、スペイン君主国のその他の諸国・地域でも反乱や騒擾が巻き起こった。四一年にはメディーナ・シドニア公を打ち立ててアンダルシーアを独立国にしようとする陰謀が発覚した。四七年から翌年にかけてはナポリ・シチリアで増税反対の騒乱が生じ、フランス王がこれを支援したが、鎮圧された。四八年にはアラゴンでイハル公の陰謀が発覚した。さらに四七年から五二年にかけてスペイン南部の都市・農村で騒擾や食糧暴動が相次いだ。

カタルーニャの反乱を終わらせたあともスペインは、フランスとの戦争を単独で続けたが劣勢を挽回できず、一六五九年のピレネー条約で和平のために屈辱的要求を呑むことになった。カタルーニャ公国がピレネーの北に有していた領域(現在のルシヨンやセルダーニュ)をフランスに割譲し、王女マリア・テレーサをルイ一四世に嫁がせることを受諾したのである。四〇年後に起こるハプスブルク家からブルボン家への王朝交代の下地がここにつくられ、スペインの優位は完全に失われて、「フランスの時代」が始まった。

疲弊した経済

一七世紀のヨーロッパは、寒冷化とペストのたびたびの流行などが重なって人口危機の時代とされる。スペインの場合、八〇〇万人強の人口が一〇〇〇年の間に約七〇〇万人に減少したとされる。内陸部はとくに深刻で、カスティーリャの人口は一五九一年の約五三〇万人から一六八三年には約四八〇万人に減少したとされるが、人口動態には地域差が大きかった。トウモロコシ栽培の導入された北部沿岸地域では大幅な増加がみられた。

同じく一七世紀に入ると、慢性的財政難に苦しむ王権が銀に銅を混ぜた悪貨、ベリョン貨を大量に発行し続けたために、激しいインフレーションが起こって民衆の生活を直撃した。それでも利子支払いに窮する王権は、一六〇七年、二七年、四七年と国庫支払い停止宣言を繰り返した。

一五八〇年代からスペインの農業生産は減少傾向に入っていたが、一七世紀には国内の人口減少に加えて、インディアスでの自給が進んだために、農産物への需要が大きく落ち込んだ。オランダとの品質・価格競争に敗れて衰退を始めていたセゴビアやクエンカの毛織物工業も、往時の面影を失った。セゴビア市の人口は一六世紀末の二万五〇〇〇人が、一七世紀半ばには一万人に過ぎなくなった。

さらに、インディアスからスペイン本国に流入する銀の量も一六三〇年代から激しく落ち込んだ。これは従来言われていたようなインディアスでの銀産出量の減少のためというよりも、本国の港で陸揚げされずにヨーロッパ諸国へ流れる量が増えたためであった。一七世紀半ばには、スペイン・ハプスブルク家が王室財政の最大の拠り所としてきたカスティーリャ王国がもはや帝国の負担に耐えられないことは明白となった。

3　ハプスブルク朝スペインの動揺と終焉

覇権の喪失

ピレネー条約締結の後もフランスの野望は止まらなかった。ルイ一四世は領土拡張政策を推し進め、スペイン君主国から領土を奪取する機会をうかがった。スペインは、フランドルの帰属をめぐる「遺産帰属戦争」(一六六七～一六六八年)でフランドルの一二の都市(シャルルロワ、リールなど)をフランスに奪われ、フランスとオランダの間の「オランダ戦争」(一六七二～一六七八年)ではフランドル防衛のためにオランダ側に立って参戦したが、ナイメーヘン条約でフランシュ゠コンテをフランスに割譲することになった。

フランスのこうした膨張政策はヨーロッパ諸国の警戒心を呼び起こし、「アウクスブルク同盟戦争」(一六八八～一六九七年)が起こった。同盟側に立ったスペインではカタルーニャが戦場となり、バルセローナはフランス軍によって占領された。しかしイギリスやオランダはフランスとの戦いに優位に立った。九七年にライスワイク条約が結ばれて、フランス王ルイ一四世は七八年のナイメーヘン条約以後にスペインから奪った領土を返還した。この返還には、ブルボン家のアンジュー公フィリップ(フェリーペ四世の娘マリア・テレーサとルイ一四世の孫)をカルロス二世の後継者とするために、スペイン宮廷内に親ブルボン派を増やそうという意図が込められていた。

スペインとオーストリアのハプスブルク家の間では近親結婚が繰り返された。フェリーペ四世と二度目の妻マリアナ(マリア・アンナ)も伯父・姪の間柄であった。一六六五年、その息子カルロス(二世)が三歳で即位するが、生来病弱であって国政は有力な寵臣たちに委ねられた。幼少期は母后マリアナが摂政となるが、政治を牛耳ったのはオーストリアから連れてきた自らの聴罪司祭でイエズス会士のニトハルト(ニタルト)であった。ニトハルトの失脚後は下級貴族でナポリ生まれのバレンスエラが国政を担うが、カスティーリャの有力貴族はこれに反発した。一六七六年にはフェリーペ四世の庶子フアン・ホセが実権を握るも、三年後に急逝した。

その後は、メディナセーリ公、オロペーサ伯といったカスティーリャの有力貴族が国政を担うが、国王カルロス二世が嗣子のないまま死去する可能性が高まり、スペイン君主国の王位継承問題は、ヨーロッパ列強の間で重要な関心事となった。一七世紀の度重なる戦争の結果、スペインは数々の領土削減を余儀なくされたものの、いまだ広大な「帝国」(インディアスなどの海外領土に加えて、スペイン領ネーデルラント、ナポリ、ミラノ、サルデーニャなどのヨーロッパ領土)を保持していた。候補者を抱えるフランスとオーストリアだけでなく、イギリスやオランダも継承問題に介入した。

列強がそれぞれの利害に沿って帝国領土の分割さえ目論むなか、宮廷ではポルトカレーロ枢機卿らの親ブルボン派が影響力を強めた。この宮廷内党派は、フランス・ブルボン家のアンジュー公フィリップが王位を継承することで、フランスの威光に縋りつつもスペイン君主国の領土保全が可能になると考えた。ここで注目したいのは、これまでの王朝的利害に代わって、領土保全という国家的利害が打ち出されたことである。時代は、王朝国家から、新たな「主権国家」の確立に向かっていた。

一七〇〇年一〇月、カルロス二世はポルトカレーロらの意向に応えて、スペイン王位をフィリップに譲る旨の遺言書に署名して、その一カ月後に世を去った。もうひとりの候補、オーストリア・ハプスブルク家のカール大公は、この事態を黙認できなかった。こうして一三年にわたるスペイン継承戦争(一七〇一～一七一四年)が繰り広げられることになった。

経済回復の兆し

一七世紀後半には国政の混乱が続く一方で、経済回復の兆しが見られた。カスティーリャでは、一六八〇年にベリョン貨の五〇%平価切下げを行ない、八六年には銀貨の二〇%平価切下げを実施して新硬貨鋳造を行なった。これらの措置は一時的に深刻な打撃を経済に与えたが、貨幣の信用が回復し、経済活動の活性化につながった。

カスティーリャほどの甚だしいインフレーションを被らなかった半島周辺諸地域では、一六六〇年代から確実な回復が見られた。とくにカタルーニャではブドウ栽培が盛んとなり、北ヨーロッパへのブランデー輸出を軸にして手工業を拡大させ、バルセローナ商人は都市と農村部を有機的に結ぶ分散的織物製造を本格化させた。この時代はマドリード宮廷の地域への干渉が弱まって、「新たな地方特権尊重(ネオフォラリスモ)」の時代とされる。だがそれは、王権の脆弱さのためであって、地方諸特権(フエロス)を意識的に擁護したからではなかった。いずれにせよ、同時代のカタルーニャの歴史家フェリウ・デ・ラ・ペニャは、カルロス二世を「スペイン最良の王」と称えている。

しかしながら、ヨーロッパ諸国と比べてスペイン経済の立ち遅れは明白であった。一七世紀末には、インディアス交易の独占港であったカディスからインディアスへ輸出された商品の約四割はフランス製品が占めており、スペイン産品はわずかに五%であった。「太陽の沈まぬ帝国」と「カトリック君主国」という重圧は、スペイン経済にインディアスからの需要に応えることも、インディアスの富を本国の発展に利用することも許さなかったのである。

4 黄金世紀の文化

対抗宗教改革のなかの宗教性

一六世紀半ばころから宗派体制化が強まるなかで、カトリック教会の宗教的儀礼が一般の人びとの生活にも浸透した。スペイン対抗宗教改革の要となった教義、なかでも「無原罪のお宿り」の教義(マリアは生まれながらにして原罪を免れていること)は最も重視され、この教義擁護の誓約がさまざまな役職に就く際の儀式となった。

一七世紀の経済的・社会的不安のなかで「慈悲の聖母」たるマリアへの崇敬の念が高まり、アンダルシーアなどでは、「祝福あれ、いと清らかなマリア様に」という呼びかけに対して「〔マリア様は〕罪なく宿されました」と応えるのが人びとの挨拶になったと記録されている。セビーリャに暮らした画家ムリーリョは、都市貴族や教会・修道院の注文を受けて、「無原罪のお宿り」の絵を数多く描いている。

5-2　カルロス２世がヴィアティクム一行に馬車を差し出す（ロメン・デ・ホーホの銅版画，1685年）

「ヴィアティクム（臨終の聖体）」（臨終の者に授けられる終油の秘跡）もこの時期から重要視された。この聖体を携えた司祭が道を通過する際には、人びとは地面にひざまずき、胸をたたいて聖体の通過を待つという慣行が定着した。一方、中世以来のハプスブルク家のヴィアティクム崇敬の伝統として、聖体を携えた司祭には国王自らがその馬車を差し出すことが慣わしとされ、大きく喧伝された。これはハプスブルク家国王の信仰の篤さと王朝的伝統の正統性を顕示する効果をもった。

トリエント公会議（前講参照）を経て、聖人として列聖する基準は厳格化され、一七世紀に聖人となった人物の数は二五人だった。うち一三人はスペイン人で、そのなかにはアビラの聖テレサ、聖イグナティウス・ロヨラや聖フランシスコ・

ザビエルが含まれる。こうした措置は、プロテスタントからいたずらな聖人崇敬が非難されたために採られた。

しかし民衆の間では、聖母マリア崇敬に加えて、すでに列聖された聖人たちへの崇敬が根強く存続した。洪水や干ばつ、イナゴの襲来、雹、飢饉や疫病が起こると、災厄払いには聖母像や聖人像を掲げた宗教行列が行なわれるのが常であった。例えば、ペストには聖セバスティアヌス（セバスティアン）が、イナゴの襲来には聖アウグスティヌス（アグスティン）が、神への「執り成し」の聖人としてもっぱら頼りにされた。

セルバンテスの世界

一六世紀後半から一七世紀半ばまでは、スペインの「黄金世紀」と呼ばれている。この時期に、文学や美術などの文化が隆盛を極めたからである。興味深いのは、「太陽の沈まぬ帝国」の絶頂期よりもその衰退の兆しが顕著となる時期に、後世に残る作品が生まれていることだ。

詩ではゴンゴラやケベードが、演劇ではロペ・デ・ベガやカルデロン・デ・ラ・バルカが傑出する。ロペは歴史を題材にして、「名誉（オノール）」を機軸テーマにした多くの傑作を書いて、芝居小屋で評判を得た。小説では、スペイン的なジャンルとして、作者不詳の『ラサリーリョ・デ・トルメスの生涯』（一五五四年）を代表とするピカレスク小説が登場し、帝国の繁栄に与れない人びとの非道徳的だが逞しい生き方が描かれる。

一五七一年のレパントの海戦にも参加したセルバンテスは、晩年になって著した『ドン・キホーテ』（前篇一六〇五年、後篇一六一五年）で一躍有名になった。騎士道物語の読み過ぎで現実と物語の区別がつかなくなった郷士の冒険旅行を描いたものだが、人間心理を深く洞察した作品として、世界的名声を得ていることは言うまでもない。

しかしセルバンテスの作品も、当時のスペインの社会的価値規範から自由であったとはいえない。スペイン近世社会は「カースト的身分制社会」と称されることがあるように、領主的生活と出生の純潔に高貴さが求められており、何よりも古くからのキリスト教徒たることが必須であった。セルバンテスの作品には、改宗者忌避とカトリック的正統性へのこだわりが随所にみられる。ドン・キホーテの従者サンチョ・パンサは、「島の領主」となることを憧れていたが、なによりも「魂の上に先祖代々の古いキリスト教徒の脂身を指幅四つほどもつけている」自分自身を誇っていた。

宮廷画家ベラスケス

黄金世紀は、エル・グレコ、ベラスケス、リベーラ、ムリーリョ、スルバランといった画家たちによって頂点に達した。プラド美術館をはじめスペインの美術館が世界の注目を集めるのは、何よりもこれらの画家のコレクションが豊かだからだ。彼らが活躍できたのは、王侯貴族、都市貴族、教会・修道院をパトロンとしていたからであった。

スペインでは、イタリアと比べて画家が芸術家として社会的地位を誇るようになるのははるかに遅れた。黄金世紀の時代に画家という職業は、「手仕事（オフィシオ・メカニコ）」に携わる職人と

5-3　ベラスケス「女官たち(ラス・メニーナス)」(1656 年, プラド美術館)

位置付けられており、貴族身分の高貴さとは相容れないものとされていた。ちなみに、画家による絵画への署名は当時ありえなかった。

宮廷画家の代表とされるベラスケスは、「女官たち(ラス・メニーナス)」(一六五六年制作)の大作の左に自らを描きこみ、その胸にはサンティアゴ騎士団十字章を輝かせている。この十字章はベラスケス死後に弟子によって書き加えられたのではないかとされるが、高貴さを誇る騎士団位は一六五八年に国王フェリーペ四世から賦与されたものだった。この騎士団位授与の理由は、「宮廷画家」だからではなく王室配室長という宮廷装飾の職務のゆえであった。「女官たち」の画中でベラスケスは、絵筆を握る一方、右腰には王室配室長を表象する鍵袋を下げている。ベラスケスはスペイン君主国の「名声」を取り戻すべく、ブエン・レティーロ宮の「諸王国の間」

など数々の建物で王権の装飾に奮闘したのであった。

ベラスケスに騎士団位を与える資格審査で証人たちは、彼が「卑しい手仕事を職としたことはなく、……画家を〔報酬を得るための〕職としたこともなく、もっぱら国王陛下のご趣味とご要望に応えて絵画を制作した」と述べている。画家が高貴な芸術家として認められるのは、スペインではまだ先のことであった。それには、「手仕事」は貴族身分の喪失につながらないと言明した一七八三年の勅令を待たねばならない。

ところで、二〇世紀半ばにA・カストロは、黄金世紀に活躍した知識人・芸術家にコンベルソ、つまりユダヤ教からの改宗者の家系の者が多く含まれていたことを指摘し、伝統的国民史学のタブーに挑んだ。たとえば、アビラの聖テレサもその一人とされる。ベラスケスも父方の家系にその蓋然性が高いとされるが、思想的・芸術的特徴を血筋と絡めて議論することには慎重でありたい。

第6講

カトリック的啓蒙から旧体制の危機へ

18世紀〜19世紀初頭

ゴヤ「カルロス4世の家族」(1800年，プラド美術館)

1701	スペイン継承戦争(〜1714)
1704	イギリス，ジブラルタルを占領
1705	イギリスとカタルーニャ，ジェノヴァ条約締結
1707	フェリーペ5世，アルマンサの戦いに勝利
	バレンシアとアラゴンに新組織(ヌエバ・プランタ)王令を公布
1713	ユトレヒト条約締結
1714	フェリーペ5世軍，バルセローナを攻略
1716	カタルーニャに新組織王令を公布
1717	スペイン海軍のサルデーニャ占領
1718	四国同盟戦争(〜1720)
1746	フェリーペ5世没，フェルナンド6世即位
1756	英仏の七年戦争(〜1763)
1759	フェルナンド6世没，カルロス3世即位
1766	エスキラーチェ暴動
1767	スペインとインディアスからイエズス会士追放
	オラビーデ，新定住地域開拓事業に着手
1788	カルロス3世没，カルロス4世即位
1792	ゴドイ，宰相に就任
1793	フランスとの国民公会戦争(〜1795)
1796	フランスと同盟し，イギリスと開戦(〜1797)
1801	スペイン，ポルトガルを攻撃(オレンジ戦争)
1804	イギリスとの戦争開始(〜1807)
1805	仏西連合艦隊，トラファルガーの海戦でイギリス軍に大敗
1807	フォンテーヌブロー条約，ナポレオンとゴドイはポルトガルの分割を約す

1　スペイン継承戦争と新組織王令

国際戦争としてのスペイン継承戦争

ルイ一四世の孫フィリップは、一七〇一年二月、フェリーペ五世としてマドリードに入城した。国際情勢を甘く見たルイ一四世は野望を露わにして、場合によってはフェリーペがフランス王を兼ねる可能性があると述べたばかりか、フェリーペの名においてスペイン領ネーデルラントに軍隊を駐屯させた。フランスとスペインの統合を恐れるイギリスとオランダはオーストリア・ハプスブルク家に接近して、同年九月にオーストリアと反ブルボンの「大同盟」を結成し、翌年五月にはフランスとスペインに宣戦を布告した。

すでに一七〇一年に火蓋が切られていたスペイン継承戦争は、伝統的な王位継承戦争を超えてヨーロッパ諸国を巻き込む世界戦争になっていた。近代国家として発展していく基盤たる植民地と通商・経済権益の争奪戦となったからである。ちなみにイギリスとフランスの植民地争奪戦は、アン女王戦争(一七〇二〜一七一三年)と呼ばれる。

国際戦争としての戦況は、カール大公(神聖ローマ皇帝レオポルト一世の次男)のスペイン王位継承権を擁護する大同盟側の優位で展開した。一七〇八年には、地中海のサルデーニャ、シチリア、メノルカを占領し、フランドルでも戦いを有利に展開して、フランス領土に侵攻しリールを奪った。国内の凶作にも苦しめられたルイ一四世は和睦に傾くが、大同盟の大きな要求を肯んじ得なかった。

一七一一年四月、神聖ローマ皇帝となっていた兄ヨーゼフ一世の死去により、カール大公（スペイン国王カルロス三世と宣言していた）が皇帝位を継ぐことになって状況は一変した。イギリスにとっての最大関心事はヨーロッパの勢力均衡と海外権益の拡大であり、一六世紀のカール五世時代のようなオーストリアとスペインにまたがるハプスブルク大帝国の出現は許せなかった。結局、一三年のユトレヒト条約、翌年のラシュタット条約で和平が実現した。

結果、フェリーペ五世はスペイン国王として列強の承認を得たものの、フランス王となる権利は完全放棄した。シチリアはサヴォイアに、スペイン領ネーデルラント、ナポリ、ミラノ、サルデーニャはオーストリアに渡った。最大の恩恵に与ったのはイギリスで、戦争中に占領したジブラルタルとメノルカを保持し、インディアスへの奴隷供給権などを獲得した。スペインによる大西洋交易独占体制は大きく揺らぐことになった。

内戦としてのスペイン継承戦争

時間を少し前に戻そう。一七〇一年五月にカスティーリャ王国議会を開催して国王宣誓を行なうと、フェリーペ五世はアラゴン、カタルーニャ、ナポリ、ミラノなどを歴訪して、スペイン君主国を構成する諸国からスペイン・ブルボン王朝への忠誠を取り付けようとした。一六四〇年の反乱のこともあって反フランス感情の根強いカタルーニャに対しては、公国議会で「地方諸特権（フエロス）」の尊重を誓い、同公国にインディアスとの

6-1 スペイン継承戦争とユトレヒト条約

交易特権を付与した。

こうした懐柔政策にもかかわらず、カタルーニャがカール大公支持に回るのを防ぐことはできなかった。イギリスとオランダに支援されたカール大公は一七〇四年五月にリスボンに上陸し、ポルトガルからの攻勢を強めた。先に触れたように、同年八月にはイギリスがジブラルタルを奪取した。翌年一〇月、カール大公がバルセローナに上陸すると、カタルーニャ公国はカールをカルロス三世として承認した。あらかじめジェノヴァ協定(一七〇五年六月)によってイギリス政府が、反ブルボンのカタルーニャ特権諸身分に対して「独自の法と特権」の保持を保障していたからである。アラゴン王国とバレンシア王国もカタルーニャ公国の決断に従って、カール支持に回った。

スペイン君主国はこうして二つに分裂し、マドリードとバルセローナのそれぞれに宮廷が置かれた。しかしフェリーペ五世は、ルイ一四世の派遣したオリーらを起用して財政・軍事を立て直し、国内戦況を有利に展開した。一七〇七年四月、アルマンサの戦いに勝利したフェリーペは、六月までにアラゴンとバレンシアの支配を回復し、カタルーニャへ進撃した。一一年には、バルセローナと周辺部だけが抵抗の拠点となった。

バルセローナの抵抗は、一つにはフェリーペが「征服権」を盾にしてバレンシアとアラゴンの地方諸特権を廃止した措置への反発からであり、二つにはイギリスはカタルーニャの「独自の法と特権」を守るだろうという期待からであった。しかしユトレヒト条約が結ばれると、大同盟軍はイベリア半島から撤退した。一七一四年九月一一日、バルセローナはフェリーペの軍門に屈した。

この「九月一一日」は、後のカタルーニャ国民史学によって「カタルーニャ・ネーションの終焉の日」として位置付けられる(今日では、カタルーニャ州の国祭日)。だが、スペイン継承戦争で廃止されたのは特権諸身分支配の基盤であった政治的諸制度(カタルーニャ議会常設代表部、バルセローナ百人会議など)である。その独自の社会経済的慣行や言語・文化のスペイン・ネーションへの同化は、良くも悪くも後の課題であった。

オリーらフランス人官僚の王権強化政策は、これまでの「複合君主政」のあり方に批判的であったスペイン人官僚の支持を得た。なかでもマカナスは、君主国の立て直しには中央集権的行政の確立と国王教権主義（後述）に立つ対教会政策が不可欠であると主張して、地方諸特権の廃止に向けて尽力し、一七一三年には、再編されて国家統治の中核的諮問機関となったカスティーリャ顧問会議の検察官に就いた。

新組織王令公布と王国改革

バレンシア、アラゴンに続いてカタルーニャにも「征服権」が適用され、アラゴン連合王国のすべての諸国の地方諸特権は無効とされて、新組織（ヌエバ・プランタ）王令に基づいた制度的改編が行なわれた。ユトレヒト条約によってスペイン以外のヨーロッパ領土を失ったスペイン君主国は、これまでの「複合君主政」と別れを告げて、スペインとインディアスに領土を限定された国家として、カスティーリャの法制に則ったかたちでの政治的・法的一元化に向かった。ゆえに、以下では「スペイン王国」と表記することにしたい。

中央行政に関しては、諸顧問会議のなかでカスティーリャ顧問会議だけを王国全体に関わる諮問機関として残す一方で、一七一四年から国王付き秘書職の充実を図り、一七二一年には陸軍、海軍＝インディアス、外務、法務、財務の五つの省として、事実上の大臣制度へと発展させた。地方統治に関してはフランスに倣った地方長官制度の導入を図ったが、定着には紆余曲折を経た。都市行政に関してはカスティーリャの代官制度と都市参事会制度をアラゴン連合王国にも導入して、地方統治機構の一元化を進めた。

さらにアラゴン連合王国諸国には、副王職に代わって方面軍司令官職と彼が主宰する地方高等法院が設けられて、軍政的性格の強い司法行政制度が敷かれることになった。司法の一元化とともに、裁判ではカスティーリャ語の使用が義務化された。加えて、新税制が導入されて、これらの諸国からの国庫収入を飛躍的に増加させた。しかし新組織王令の施行で、これらの諸国はあらたな発展の可能性をつかむことにもなった。制度的一元化が進み、個々の国内関税が廃止されたことで、周辺諸地域商工業ブルジョワジーのスペイン国内とインディアスの両市場への参入が容易になったからである。

ヨーロッパ領土の割譲で対外的負担が減じたスペインは、王国組織の再編強化に努力を傾注できた。軍隊に関しても、常備軍の整備、連隊制度の導入に加えて不十分ながらも徴兵制を開始した。インディアスの維持のために海軍の近代化と強化も進められ、海軍学校、造船所の設置などが進められた。

イタリア領土の回復

一七一四年、フェリーペ五世は二番目の王妃としてパルマのイサベル・デ・ファルネシオ(エリザベッタ・ファルネーゼ)を迎えたが、これにより対外関係は大きく動揺した。イサベルは精力的に政治に介入し、それまでのフランス・ブルボン家の影響を大きく削いで、イタリア領土の失地回復を図ったからである。イタリア人聖職者アルベローニを登用し、一七一七年、スペイン海軍にサルデーニャを、翌年にはシチリアを占領させた。ユトレヒト体制を維持しようとするイギリス、フランス、オランダ、オーストリアは四国同盟を結成してこれに対抗し、フランスはバスクに侵攻した。スペインは守勢に転じてアルベローニは失脚した。一七二〇年、ハーグ条約が締結されてスペインは占領地を返還した。さらに一七二五年にはオランダ出身のリペルダ男爵が登用された。彼は宿敵オーストリアのカール六世に接近して事態の好転を図ったが、イギリスとフランスの圧力で翌年に失脚した。

6-2　ジャン・ランク「フェリーペ５世の家族」(1723年，プラド美術館)

失地回復の野望は、ポーランド継承戦争(一七三三〜一七三五年)とオーストリア継承戦争(一七四〇〜一七四八年)の結果、実現した。これらの戦争にスペインは、それぞれ「家族協定」を結んでフランス側に立って参戦し、イサベルの二人の息子がイタリアの諸国を相続することを列強に認めさせたのである。第一子カルロスはナポリ王(カルロ七世)となり、第二子フェリーペはパルマ公(フィリッポ)となった。

しかし、フランスを頼りにしたもののスペインは、イギリスによるジブラルタルやメノルカの占領、また大西洋交易への脅威を退けることはできなかった。一七四六年にフェリーペ五世が死去して息子のフェルナンド六世が即位すると、国際政治の場では中立外交に徹して、国内改革に努力を傾けることになった。有力な二人の大臣、エンセナーダとカルバハルがそれぞれ親フランス派と親イギリス派だったことは、対外政治に均衡をもたらした。エンセナーダは海軍の改革をさらに進めて、スペイン海軍はヨーロッパで有数のものとなった。

2　カトリック的啓蒙とブルボン改革

七年戦争とエスキラーチェ暴動

フェルナンド六世が一七五九年に死去すると、ナポリ王であった異母弟のカルロスがスペイン国王に即位した(カルロス三世)。ナポリ王位を兼ねることは許されなかったので、その王位は息子に委譲された(フェルディナンド四世)。ナポリで統治経験を積んだカルロスだが、二つの出来事に直面し、スペイン王国の広範な改革の必要を認識した。

一つは七年戦争(一七五六〜一七六三年)に参戦して敗北したことである。この戦争はイギリスとフランスの植民地争奪戦であったが、イギリスはホンジュラスを占領するなどスペインがもつ海外領土を脅かしていた。一七六一年にフランスと「家族協定」を結んでイギリスに挑んだが、結果は一七六三年のパリ条約で、フロリダ割譲などイギリスへのさらなる譲歩を迫られた。スペインは、海軍力増強にとどまらず、脆弱な植民地統治制度を改めるとともに本国と植民地の新たな交易関係を築くことを求められた。

もう一つは、一七六六年にエスキラーチェ暴動と呼ばれる全国的諸暴動が起きたことである。カルロスのナポリ時代からの側近だったエスキラーチェは、一七六五年、経済的自由化を推し進めようと穀物の最高取引価格設定を廃止した。これは市場での投機と穀物価格暴騰を誘発し、翌年三月に治安維持のために首都で服装取締り令を布告すると民衆の怒りはさらに拡大した。三月から五月にかけて、マドリードをはじめとして一〇〇以上の市町村で民衆の騒擾や暴動が生じた。その結果エスキラーチェは罷免されたが、国内の市場経済の未発達と農業生産不足が明らかとなり、食糧供給の不備をもたらす自治体行政の欠陥も露呈した。

6-3　ゴヤ作ともされる「エスキラーチェ暴動」(1766年頃．個人蔵)

そこでカルロス三世は、一七六〇年代から八〇年代にかけて「上からの改革」に着手することにした。いわゆる「啓蒙的改革」であり、カンポマネス、フロリダブランカ、オラビーデ、ホベリャーノスといった啓蒙改革派官僚が活躍する時代に入った。

カトリック的啓蒙

啓蒙的改革が「啓蒙思想」を拠り所にしていることは言うまでもない。ただし、伝統的権威に対抗し人間理性をもとにして社会の諸分野の改革を唱えたといっても、啓蒙思想は各国ごとに特徴を異にしていた。カトリック君主国としての伝統をもつスペインの場合、フランス啓蒙思想のように反カトリック的ではありえず、それは「カトリック的啓蒙」といわれるものであった。ただし、これはこれまでの国家とカトリック教会の関係を首肯するものではなかった。

その理念は、カトリック信仰からバロック的宗教性といわれる外見的な荘厳さや迷信の甘受（民衆宗教との妥協）を排して、一六世紀の人文主義者エラスムスが唱えたような精神的帰依を重視することにあった。これは、ときのジャンセニスム（もともとは一七世紀にオランダの神学者ヤンセンが唱えた思想で、人間の自由意志の無力さを強調してイエズス会と対立し、教皇庁はジャンセニスムを一六五三年に異端としたが、一八世紀に教皇の権威からの自由の主張と結びついて広がり、ユトレヒトの独立カトリック教会の動きや一七八六年のトスカーナのピストイア宗教会議につながる）に通じるものだった。

スペインでは国王と教会は「王座」と「祭壇」にたとえられるが、「王座」は、こうした宗教的純化を進める「祭壇」の最大の保護者とならなければならなかった。ローマ教皇庁ではなく国王こそがスペインの教会刷新の主体となる以上、国王教権主義（レガリスモ。王権の国内教会に対する統制を強めようとする主張で、高位聖職者任命権が中心となる。教皇庁の影響を薄めるという意味では国家教会主義と重なる）が前面に出ることになり、これは世俗のレベルでの国王の絶対性の主張と軌を一にした。

一八世紀初めにマカナスはフランスの動きに倣って国家教会主義（ガリカニスム。国内教会への教皇の干渉を排除しようとする主張)を唱えたが、異端審問所によって退けられた。しかしスペイン王権は、一七三七年、そして一七五三年と政教協約で国王教権主義の立場を強めた。そして一七六六年のエスキラーチェ暴動による国内的動揺を利用して、六七年にはイエズス会士の追放を断行した。これまで民衆が王権を直截的に脅かすことのなかったスペインにとって、この民衆暴動は特定団体に煽動されたものだったという陰謀説を打ち出すことが必要だったのである。

イエズス会士の追放は王権にとってより重要な意味をもっていた。一六世紀にスペインの司祭ロヨラが創立したイエズス会は、教皇の認可を受けて対抗宗教改革の旗手となり、海外布教活動を熱心に行なった。一方、貴族子弟の教育に力をいれて、伝統的な特権諸身分と結びついて社会的に大きな影響力をもっており、代々その会士が国王の聴罪司祭を務めた。一八世紀後半には国内改革の必要に迫られたが、イエズス会は教皇権至上主義(ウルトラモンタニズム)に立つとともに、蓋然論(プロバビリズム。人間の倫理的生活において、あくまで罪の危険を避けつつ最大限の自由を確保しようとする)の立場から自由意志を擁護しており、なかには暴君放伐論(モナルコマキ。国王の絶対権力を認めず、悪い君主は打倒できるとする)を唱える者もいた。国王教権主義と啓蒙絶対主義に立つカルロス三世、そして国王の庇護のもとで伝統的諸身分の諸特権を制限して諸改革を実現しようとする改革派官僚は、この団体の存在を許せなかったのである。イエズス会士追放は、多くの在俗聖職者や修道会からも「教会の健全化」の方策として歓迎された。

着手された諸改革は、社会・経済の広い分野に及んだが、A・エロルサが「身分制社会の合理的再編」と指摘したように、旧体制の秩序構造を切り崩すものではなかった。ただし、遅れたスペイン社会が抱えていた諸矛盾を明らかにしたという意味で、続く自由主義改革に与えた影響は大きかった。

啓蒙改革派の諸改革

農業生産が不足し農村住民の貧困が増すなかで、「国家の神経」に他ならない自立的自営農民の育成は啓蒙改革派の最大の課題であった。そこで、自治体所有耕地の小農民への優先的分配や、地主の直接経営の場合以外の借地農民追放の禁止などの措置が打ち出された。また、「農地法」制定によって、貴族の限嗣相続制度、教会・修道院の不可譲渡財産設定、メスタ（移動牧畜業者組合）の牧草地永代利用権などの諸特権の削減と、安定的小作契約による農民層への土地貸与を実現しようとした。

啓蒙改革派が着手した事業のなかでもとくに興味深いのは、シエラ・モレーナの開拓事業である。南部シエラ・モレーナの一帯にはカディスに至る王道が走っていたが、荒蕪地が広がり、山賊が跋扈していた。一七六七年に新定住地域特別法が制定され、これに則って主にドイツ語圏地域（南ドイツ、スイス、アルザスなど）から約七二〇〇人のカトリック教徒の農民が移住して一五の町村が建設された。定住村落を増やして地域の治安を改善するという意図に加えて、この事業は、総監督官オラビーデが述べたように、「啓蒙の恩恵」を人びとに知らしめて、この村落モデルに追従する動きをつくることにあった。ここでは限嗣相続財産や不可譲渡財産の設定が禁じられ、教区付き教会以外の宗教施設も禁じられた。入植者たちは一定耕地を分与されて、農耕と家畜飼育を結合した小農経営を行なうとされた。新定住地域特別法は自由主義改革のなかで廃止されて(一八三五年)、次第に農民たちに貧富の差が生じるが、シエラ・モレーナ新定住地域の首邑(町)ラ・カロリーナの碁盤目状の整然とした街並みは、いまなお啓蒙改革派の理念を引き継いでいる。

なお、一八世紀末には経済的自由主義と私有財産の不可侵を謳う主張が高まり、「農地法」制定の試みは挫折する。ホベリャーノスが著した『農地法に関する報告』(一七九四年に作成、翌年出版)は、伝統的諸特権の批判と同時に小農民保護的国家介入政策の否定であった。限嗣相続や不可譲渡の諸特権は次第に削減の対象となり、一九世紀前半の自由主義改革で廃棄されるに至る。だが、新旧の地主による土地集積と自立的小農民の没落も進んでいく。

6-4　ラ・カロリーナ市街(ハエン県)

手工業の分野では、一八世紀前半に特権を付与された奢侈品製造工場が多くつくられたが、採算は芳しくなかった。エスキラーチェ暴動を経て国家の商工業振興に深く関わることになったカンポマネスは、『民衆的工業振興論』(一七七四年)を著して一般品製造業の振興を提唱し、ギルドの独占権を批判して農村家内工業の活性化を図った。ただしギルド廃止は自由主義改革の課題として残された。また、近世カスティーリャ社会には、ベラスケスの画家としての評価に関連して言及したように(第5講参照)、「手仕事」への蔑視感情が根強く存在していた。そこで手工業振興を望む王権は、一七八三年の勅令ですべての手工業活動は「名誉ある」ものであると謳い、手工業者の自治体官職就任を禁じた自治体規約を無効とした。しかし王令で旧体制の社会的価値観をただちに払拭するのは困難であった。

経済活動を促進するために設けられたのが「祖国の友・経済協会」であった。一七六〇年代から八〇年代にかけて全国で約九〇の協会がつくられ、開明的地方貴族・聖職者が産業技術の民衆への普及に努めた。しかし「上からの」奨励には限界があり、逆に商工業活動の盛んであったカディス、ビルバオ、バルセローナなどにはこのような協会は根付かなかった。

科学技術の振興のためには教育改革が不可欠であった。軍事技術や航海術、工学などの専門学校が各地につくられ、イエズス会士追放を機に大学改革も試みられた。セビーリャ都市長官ともなったオラビーデは、一七六九年にセビーリャ大学教育改革案を作成し、全国の大学改革のモデルとした。守旧的特権層の牙城だった大学寮の解体も徐々に進められたが、最終的解体は一七九八年を待たねばならなかった。

一八世紀に人口は約七〇〇〇万人から一〇〇〇〇万人へと増加したが、間歇的な食糧危機や飢饉に襲われるなか、都市部への困窮者や浮浪者の流入が治安を揺るがす社会問題となっていた。エスキラーチェ暴動後に直ちにマドリードに設置されたサン・フェルナンド救貧院は、この問題に対処する啓蒙改革派にとってのモデルであった。旧体制の教会はその収入の多くを教会に集う貧民へのパンの配布などに充てていたが、こうした慈善行為は貧民を怠惰のまま放置し、「有用性」に反するものだと非難されるようになっていた。救貧院は浮浪者を収容して、労働のできる者は作業所で強制的に働かせる仕組みとしたのである。だが、国家の救貧事業が教会の慈善にとって代わったのは、一九世紀のことである。

「自由貿易」の促進

インディアスは、法的には一八三七年憲法に至るまでスペイン君主国を構成する「海外諸地方」と位置付けられた。したがって実態は別として「植民地」という呼称は避けられていた。しかしヨーロッパ列強のアメリカ進出を前にして、その統治制度を強化し、交易関係を本国の利益に適うかたちに再編することが啓蒙改革派にとっての至上命題となった。

腐敗した現地行政を立て直すために地方長官制度が導入されて、その職にはクリオーリョ（インディアス生まれの白人）ではなく本国人が任命された。しかし本国への従属を強化する一連の中央集権的改革は、クリオーリョをはじめとするインディアス住民の反発を招き、トゥパク・アマルの反乱（一七八〇年、ペルー）などを引き起こした。

一七七六年の北アメリカ植民地独立は、インディアスの現地支配層に独立の夢を呼び起こす。インディアス保持が次第に困難となるなか、パリ駐在大使であったアランダ伯は、インディアスを本国に緩やかに従う三つの王国に分割することを提言した。しかし、こうした王朝的紐帯で広大な領土が結びつく「複合君主政」は時代遅れの構想であった。

インディアスとの交易は、本国のセビーリャ(一七世紀末からはカディスも)とインディアスのいくつかの独占港間で行なわれていた。一八世紀前半にカラカス航海ギプスコア会社などの特権的貿易会社が設立されたが、貿易の活発化には広く参入の機会を与える必要があった。そこで一七六五年、カルロス三世政府は「自由貿易」規則を発表し、続く七八年王令を経て、スペイン一三港とインディアス二二港の直接取引が実現した。スペインの大西洋貿易は飛躍的に拡大し、七八年と八二〜九六年の平均とを比較すると、輸出額は四倍、輸入額は一〇倍の増加を示した。しかし九六年、スペインはイギリスとの戦争に突入し、イギリス艦隊に航路を押さえられ、本国とインディアスの関係は事実上断たれることになる。

この「自由貿易」の恩恵を最大に受けたのはカタルーニャであった。ワインやブランデーの輸出は大いに伸びて、ブドウ栽培が拡大した。併せて、綿プリント地の製造がアメリカ向け輸出を基軸にして急成長した。さらにイギリスの紡績機が導入され、カタルーニャ綿工業は近代的発展を遂げていく。

3　フランス革命とスペイン旧体制の危機

フランス革命の影響

一七八八年、カルロス三世が死去して息子カルロス四世が即位した。フロリダブランカが宰相(国務大臣)の地位にとどまり、啓蒙的諸改革は続行するはずであった。しかし翌年に隣国フランスで革命が勃発して状況は一変した。革命の進展を前にフロリダブランカは、革命の伝播を防ぐための「防疫線」を設け、革命的出版物取締りのために異端審問所による検閲を強化した。一時期、政府系新聞三紙以外の新聞発行は禁じられ、在留外国人への監視も強められた。

しかし国内では穀物価格が上昇し、一七八九年にバルセローナで食糧暴動が起こり、九一年にはバレンシアでも不穏な動きが広まった。フロリダブランカはフランスに対して敵対的介入政策を採ったが、なんら功を奏しなかった。業を煮やしたカルロス四世は、九二年二月にフロリダブランカを解任して、アランダ伯をその後任に据えた。

かつてパリ駐在大使を長年務めたアランダは、フランスに宥和政策を採って、カルロス三世の縁戚であるルイ一六世の復権を目論むが、フランスでは一七九二年八月に王権が停止され、翌月には国民公会が成立して、王政廃止と共和政樹立が宣言された。事態に対処できないアランダは一一月に罷免された。

カルロス四世が後任の宰相に任命したのは、二五歳のマヌエル・ゴドイであった。一介の近衛兵から異例の昇進を遂げて宰相に抜擢されたのは、巷間では王妃マリア・ルイサがゴドイと愛人関係にあって、無能な国王はそれを黙認していたためだと語られていた。伝統的国民史学も長らくこれを鵜呑みにして、ゴドイを甚だしく貶めてきた。だが、こうしたゴドイ像は近年大きく塗り替えられている。王妃の寵愛を受けていたことは間違いないが、司法官たちを基盤としたフロリダブランカと貴族たちの支持を得たアランダの両者を罷免した国王は、国内外の問題に対処するために、これまでの宮廷党派によらない新たな人物を必要としたのである。

ゴドイの宰相専制主義

ゴドイは、一七九二年末から一八〇八年春まで、一七九八年三月〜一八〇〇年一二月の期間を除いて、国王夫妻の信頼を得て絶対的な権力を享受し、それは「宰相専制主義」と称された。国家存亡の危機のなかで強権的な「上からの改革」を行ない、守旧的特権層の伝統的権益を脅かしたり、「カトリック的啓蒙」のモラルを逸脱する愛人関係を維持したり、度重なる戦争で民衆の怨恨の的になったりしたために、酷く悪しき評判を得たが、旧体制崩壊を食い止める努力を最大限に払った人物であった。

そしてゴドイは、カルロス四世の望みに応えてルイ一六世の命を救おうと画策したが、一七九三年一月、ルイは国民公会によって処刑された。同年三月からフランスとスペインは戦争状態に入ったが、フランス国民軍を敵とするこの国民公会戦争はスペインに著しく不利であった。フランスで恐怖政治が終わりを告げると、ゴドイは和平に転じて、九五年七月にバーゼル条約を締結した。なお主戦場となったカタルーニャでは「大戦争」と呼ばれ、「国王と神をもたない侵略者」への熱狂的抵抗が民衆の間に生まれた。

総裁政府に移行したフランスが、共通の敵であるイギリスに対する軍事同盟を呼びかけるとゴドイはこれに同調して、一七九六年八月にサン・イルデフォンソ条約が結ばれた。結果スペインは、英仏の戦争に直接的に巻き込まれ、フランスへの従属を強めた。九七年、イギリス海軍に阻まれてスペインとインディアスとの交易は著しく困難となり、同年一二月にはインディアスに対して中立国との貿易を許可した。インディアスの経済的自立に拍車がかかったのは言うまでもない。

対フランス、対イギリスと戦争状態が続くなか、国家財政は極度に逼迫した。国債（バレス・レアレス）発行などでは窮状を切り抜けられないことを知ったゴドイは、ホベリャーノスらの啓蒙的改革派を積極的に登用して大胆な国内改革を実現しようとした。しかしフランス総裁政府と距離を置こうとしたことは、ゴドイの宰相としての立場を危うくした。カトリック倫理観に拘るホベリャーノスらの反発がこれに加わった。カルロス四世は、ゴドイを政権の中枢から遠ざけ、親フランス的なウルキーホを宰相にすることを決断した。

しかしウルキーホは、国王教権主義からさらに国家教会主義の立場を採り、一七九九年九月にはスペイン司教任命にローマ教皇庁は介入できない旨を布告した。教会との関係のさらなる悪化を恐れたカルロス四世は、一八〇〇年一二月にウルキーホを解任して、穏健なセバーリョスを宰相にした。これは、総裁政府から統領政府に代わり第一統領となったナポレオンの意向を反映したものだった。というのもゴドイは、ナポレオンの信頼を勝ち取っており、大将軍という肩書ながら、実質的な宰相として復権を果たしたからである。以後、スペインの対外政策は、ナポレオンに追随することになった。

政治的自由主義につながる動きには厳しく対処したが、麻痺的状態の国家財政を救うためにゴドイは、旧体制の特権諸身分がもつ莫大な財産に手を付けざるを得なかった。ウルキーホによる慈善宗教団体などの土地財産売却とその収入の国債償却基金への充当の政策を引き継ぐとともに、一八〇五年に教皇庁の許可を得て、教会財産の一部売却に着手した。この「ゴドイの永代所有財産解放」で一七九八〜一八〇八年の一〇年間に、教会関係財産の約六分の一が売却されて国庫収入となった。

さらにゴドイは、実用的知識の普及と陋習の批判に努めた。一八〇五年にはペスタロッチ士官学校を創立させるなど新しい教育普及を支援した。画家ゴヤ(一七四六〜一八二八)はこの時期、ゴドイの庇護のもとに、伝統社会が孕む無知蒙昧を批判した風刺画を多数描いている。ゴドイの愛人ペピータの裸像「裸のマハ」を描いたのもゴヤであった。

ナポレオンへの追随

ゴドイは、イギリスの同盟国ポルトガルを牽制せよというナポレオンの要求に従い、一八〇一年五月、ポルトガルを攻撃した(オレンジ戦争)。翌月にはバダホス条約が結ばれ、ポルトガルはイギリス軍に港を提供しないことを約束した。その後、一八〇二年の英仏のアミアン和約で束の間の平和が訪れるが、翌年には戦争が再開されてスペインはナポレオンの野望に巻き込まれていった。一八〇五年一〇月、フランス・スペイン合同艦隊はカディス南東のトラファルガル岬の沖合でイギリス艦隊に壊滅させられた(トラファルガーの海戦)。スペインは一八世紀半ばに再建した艦隊を失い、インディアスとの連絡は途絶した。

6-5　マヌエル・ゴドイの肖像(ゴヤ作, 1801年. サン・フェルナンド王立美術アカデミー)

その後ゴドイはナポレオンからの離反を図るが、一八〇六年一〇月のイエナの戦いでフランス軍が勝利すると、再び追従の道を選んだ。ナポレオンはイギリスと対抗するために「大陸封鎖」を強め、障害となるポルトガルを制圧しようとしたが、そのためにはフランス軍を陸路進軍させる必要があった。一八〇七年一〇月にゴドイと密かに結んだフォンテーヌブロー条約では、フランス軍のスペイン領土通過が許され、征服後のポルトガルは三分割されて、その一つがゴドイに与えられるとされた。この結果、一〇万人以上ものフランス兵がスペイン国内の要衝に駐屯する状況が生まれた。

ゴドイの専制で伝統的権益を脅かされた特権諸身分は、カルロス四世の息子フェルナンドの下に結集して政府の転覆を図った（エル・エスコリアルの陰謀）。この頃には、絶え間ない戦争に苦しむ民衆の間にも反ゴドイ感情が強まっていた。一八〇八年三月一七日、フェルナンド派の貴族に煽動された民衆が国王夫妻の滞在するアランフエス離宮に押し寄せると、カルロス四世はゴドイの更迭と自らの退位を受け入れた。

三月二四日、フェルナンド七世は民衆の熱狂的歓呼のなか首都に入城した。だが、父王カルロス四世は退位宣言を撤回し、ナポレオンの支持を得ようと画策した。フェルナンドにとってもナポレオンの認知は不可欠であった。だが、王侯貴族どうしの争いを冷ややかに眺めていたナポレオンはすでに、自分の兄ジョゼフを傀儡の王に据えてスペインを衛星国にする計画を立てていた。

第7講
革命と反革命の時代
19世紀前半～1870年代

ゴヤ版画集『戦争の惨禍』(1810～1815年)より，第39番「立派なお手柄！　死人を相手に！」

1808	スペイン独立戦争(〜1814)
1812	カディス議会，1812年憲法を公布
1814	フェルナンド7世，スペインに帰国し，カディス憲法破棄
1820	「自由主義の3年間」(〜1823)
1823	フェルナンド7世，絶対主義に復帰．「忌むべき10年間」(〜1833)
1833	フェルナンド7世没，イサベル2世即位．摂政マリア・クリスティーナ(〜1840)
	第1次カルリスタ戦争(〜1839)
	地方行政改革，全国を49県に区分
1836	メンディサバル，永代所有財産解放令を公布
1837	1837年憲法公布
1844	治安警察創設
1845	穏健派の1845年憲法公布
1846	第2次カルリスタ戦争(〜1849)
1848	バルセローナ―マタロ間に初の鉄道開通
1851	ローマ教皇庁と政教協約締結
1854	「進歩派の2年間」(〜1856)
1855	マドスの永代所有財産解放一般法
1859	モロッコとのアフリカ戦争(〜1860)
1868	九月革命勃発，イサベル2世がフランスに亡命
	キューバで十年戦争(〜1878)
1869	1869年憲法公布
1870	アマデオ1世即位
1872	第3次カルリスタ戦争(〜1876)
1873	アマデオ1世，王位放棄．第一共和政成立
	カントナリスタの蜂起
	1873年憲法草案策定
1874	パビア将軍のクーデタ，セラーノが大統領に就任
	マルティネス・カンポス将軍のクーデタ，アルフォンソ12世の王政復古宣言

1　ナポレオンの侵略とスペイン独立戦争

ボナパルト王朝の成立

ナポレオンは、王冠を争う父カルロス四世、子フェルナンド七世を巧みにフランス領内のバイヨンヌへ誘い、父子ともに王冠を放棄させて、一八〇八年六月に自分の兄ジョゼフをホセ一世としてスペイン国王に即位させた。ついでバイヨンヌにスペイン人の名士会議を召集して新たなボナパルト王朝を承認させ、バイヨンヌ憲法を公布させた。

スペインの伝統的国民史学では、ホセ一世は「簒奪王」とされ王朝系図に含まれず、バイヨンヌ憲法も憲法史上から除かれるが、一八〇八年から一三年にかけて領土の大半を支配していたのはホセ一世政府であり、リョレンテ、カバルス、ウルキーホらの啓蒙改革派が新体制に国家改革と近代化への期待を寄せたのは間違いない。バイヨンヌ憲法は、カトリック国教化を堅持しつつも、ナポレオンの皇帝戴冠時の宣言(一八〇四年)に則って、封建的諸権利の廃止に加えて一定の国民の権利を認めていた。抵抗地域であったカディスで成立した一八一二年憲法(後述)はスペイン最初の近代憲法とされるが、バイヨンヌ憲法との類似性あるいはその影響を無視できない。

ホセ一世は、近代化を望む親仏派を登用して政治的支配の確立に努め、封建的諸権利の廃止、異端審問所の撤廃、修道院の一部閉鎖などの自由主義改革を行なったが、「闖入王」、「酒瓶漬けのホセ」という悪評を払拭できなかった。ナポレオンが一八一〇年二月にエブロ川以北を実質的にフランスに併合するという暴挙に出ても、ホセには反対する術がなかった。

ホセは、多くの教会・修道院を壊して広場に変えるなどマドリードの都市整備に貢献したが、一八一二年七月、アラピレスの戦いでイギリス軍が勝利するとマドリードを放棄した。さらなる戦況の悪化から一三年六月にはフランス国境に逃れ、それに伴い、親仏派とされる一万二〇〇〇人が報復を恐れて祖国を離れた。

五月二日事件

国民史学では、一八〇八年五月二日に起こったマドリードでの民衆蜂起を反フランス抵抗運動の起点とするが、すでに四月頃からレオンやブルゴスといった町では、フランス軍駐屯とそれに協力する地方当局者を攻撃する暴動が生じていた。この年はとくに不作と飢餓に民衆は苦しんでおり、横暴なフランス兵の存在は耐えがたかった。

五月二日朝、マドリードに残る王子フランシスコ・デ・パウラ(カルロス四世の末子)らがフランスに移されるのを阻もうと多くの群衆が宮廷前に集まり、フランス兵との衝突が生じ、モンテレオン砲廠の一部の軍人も同調して反フランス暴動となる。しかし圧倒的なフランス軍によって鎮圧され、翌日にかけて数百人の住民が銃殺刑に処された。この光景はゴヤの絵「五月二日」と「五月三日」に見事に描かれているが、実際には、政府機関、都市当局、教会、異端審問所はこぞってこの蜂起を非難し、上層市民は事態が鎮まるのを静観していたのである。

事件後にマドリード近郊のモストレス村から各地に発せられた「国王と祖国のために死のう」という呼びかけは、大きな反響を呼んだ。フランスに留め置かれるフェルナンド七世を「望まれた王」と見なす愛国派の抵抗運動は、この事件を国民的＝愛国的蜂起として讃えることになる。

7-1　ゴヤ「1808年5月2日」(1814年，プラド美術館)

7-2　ゴヤ「1808年5月3日」(1814年，プラド美術館)

しかしフェルナンドには、絶対主義的王政への復帰、啓蒙的改革の再着手、自由主義的王政の確立など、さまざまな期待が寄せられており、いずれ愛国派どうしの対立が生ずるのは避けがたかった。総じて一四年までの戦闘経過を「独立戦争」と呼ぶのが通例だが、この名称は一九世紀中ごろのロマン主義歴史学が与えたものである。当時のスペイン人たちは「(反)ナポレオン戦争」、「(反)フランス人戦争」と呼んでいた。なによりも民衆にとっては、日常生活を蹂躙するよそ者への抵抗闘争であった。

ゲリラ戦

各地の抵抗組織は地区評議会、地方評議会、さらにアランフエスの中央評議会へとまとまっていった。だが、組織化の過程で伝統的諸階層が比重を増し、旧体制の改革や民衆の動きとはかけ離れた存在になっていった。

一八〇八年七月にフランス軍がバイレンの戦いに負けたのち、同年一一月にナポレオン自らがスペインに乗り込んで軍事体制を立て直すと、中央評議会は有効な抵抗を打ち出せずにセビーリャに逃れた。サラゴーサやジローナも陥落し、一八〇九年初めから一一年末までの約三年間は、スペイン国土の大半をフランス勢力が軍事的に制していた。

しかし広大な占領地域に有効な政治的支配を確立するのは困難であった。ナポレオンをアンチキリスト、悪魔の子と罵倒する下級聖職者に鼓舞されて、各地の民衆の怒りはますます燃え盛った。しかも民衆的抵抗と結合してゲリラ部隊の活動が活発化した。戦争を意味するスペイン語「ゲラ」

に縮小語尾のついたゲリラという戦闘方法は、スペイン独立戦争で広く展開された。正規軍が崩れ去ったあと、潰走した兵士、下級聖職者、農民たちによって組織されたゲリラは、要所の守備と輸送においてフランス軍を苦しめた。フランス軍は、ゲリラ対策に全兵力の約五分の四を割かなければならなかったとされる。

ゲリラ兵は正規兵と同様には扱われず、捕えられると賊徒として処刑された。ゲリラ兵も激しい報復に出たことから、この戦争ではたびたび残虐な行為が繰り返された。ゴヤの版画集『戦争の惨禍』にはそれが冷徹に描かれている。

一八一二年夏以後、イギリス軍はポルトガルからの攻撃を強めた。一方、ロシア遠征に失敗したナポレオンは、フランス軍全体の立て直しのためにスペインに駐留する軍隊を大幅に削減せざるを得なかった。イギリス、ポルトガル、スペインの連合軍はアラピレスの戦い（同年七月）、ビトリアの戦い（翌年六月）、サン・マルシアルの戦い（同年八月）と勝利を重ねた。一三年一二月、ナポレオンはフェルナンド七世とヴァランセー条約を結び、フェルナンドを国王として認知し、戦争前のスペイン領土の保全を保障した。一四年春、残るカタルーニャ占領地からもフランス軍は撤退した。

2 カディス憲法から一八三七年憲法へ

カディス憲法と「両半球のスペイン」

一八一〇年に入り、上述のフランス軍の攻勢を前に中央評議会はセビーリャからカディスへと移り、解散した。その際、同年九月に王国議会を開催することを決定していた。これに基づいてスペイン王国各地(スペイン本国と海外諸地方)の代議員が選出されたが、フランス軍支配地域やインディアス、すなわちスペイン領アメリカからカディスに派遣することは困難であったために、当時カディスにいた各地域出身者たちから議員代行が選出された。

選出議員の三分の一を聖職者、五分の一を弁護士が占めたこの議会は、決して新興市民による革命議会ではなかった。しかし旧体制の弊害を除去しようとする自由主義者がヘゲモニーを握ったのは間違いない。一八一〇年九月に開催された議会は、出版の自由、拷問の廃止、領主裁判権の廃止などを決議した。

そして憲法制定に向けての審議が始まるが、領土と宗教の問題はこのスペイン最初の近代憲法に特異な影を落としている。バイヨンヌ憲法と同様に、一八一二年三月公布の憲法(カディス憲法)は、海外諸地方にも代表選出を認めるが、人口のはるかに勝るスペイン領アメリカに平等な代表権を認めるわけにはいかなかった。「スペイン国民(共同体)は、両半球のすべてのスペイン人の集合である」(第一条)と宣言しながらも、女性や家内奉公人に加えて、黒人奴隷ばかりか「血筋においてアフリカを出自とする」カスタと呼ばれた人びとやカトリック信仰に帰依していないインディオは、政治的権利を行使する市民から排除されていた。結果的に、有権者数に応じた議員数は大きく減少し、「両半球のすべてのスペイン人」の代表権の平等は形式的なものになった。クリオーリョらのこうした措置への反発は強く、スペイン領アメリカ独立への動きがさらに強まることになる。

国民主権や三権分立を謳ったカディス憲法のなかで最も非近代的とされるのは、「スペイン国民の宗教」をカトリックに限定し、「他のいかなる宗教の行使もこれを禁ずる」(第一二条)としたことである。自由主義者たちは聖職者たちに妥協したという理解が一般的であったが、スペイン固有の「カトリック的啓蒙」の流れを継承しているとみるべきである。この時期、異端審問的不寛容を批判する声は大きかったが、信教の自由の主張はブランコ・ホワイトらごく一部の知識人に限られていた。

だがカディス憲法は、さまざまな限界を孕みつつも、旧体制の最大の弊害であった国王権力の恣意性、そして身分的諸特権を大きく削ごうとしたのは間違いなく、一九世紀スペインの自由主義者の希望の灯となり続け、ヨーロッパ諸国やラテンアメリカ諸国の憲法にも影響を与えた。

かつてマルクスが述べたように、カディス議会は「行動なき理念」、民衆は「理念なき行動」に走っていた。一八一四年五月、「国王万歳」と歓喜する民衆を前にフェルナンド七世は、カディス憲法を「一七九一年フランス憲法の革命的かつ民主的諸原則を模倣した」として破棄し、戦争前の状態にスペインを戻そうとした。

絶対主義復帰と「自由主義の三年間」

しかし農民層の領主的諸貢租(領主権に由来する地代や賦役労働)や教会十分の一税不払いの動きは戦後も続いていたし、六年間の戦争で経済は完全に疲弊していた。ラテンアメリカの独立運動がさらに高まるなかで、旧体制の枠組みを維持しつつ経済・財政を立て直すことは不可能であった。政府の五つの大臣ポストはめまぐるしく交替し、一八一四〜一八二〇年に二八人を数えた。マルティン・ガライによる慎重な課税基盤拡大の試みも、宮中側近の反対によって頓挫した。

合法的反対の道を閉ざされた自由主義者は、陰謀によって政府打倒を画策した。これに呼応して、ラシ、ポルリエルら自由主義将校によるクーデタ宣言(プロヌンシアミエント)が繰り返された。一八二〇年一月にカディスで起こったリエゴによるクーデタ宣言は各地で同調者を集め、三月にフェルナンド七世はカディス憲法の復活を認めるに至った。

この自由主義改革期(「自由主義の三年間」)に、カディス議会では法令制定に留まっていた諸政策が実行に移された。領主裁判権の廃止、限嗣相続制度の廃止などに加えて、異端審問制の廃止、結社の自由の承認、一部修道院の廃止、行政機構の改編などの措置が実施され、全国民兵隊が組織された。

しかし自由主義者は、政権を担って比較的穏健な改革を志向する「一八一二年憲法派」と、これに飽き足らない若い世代の「熱狂派」に分裂した。そして後者が中心となって各地に愛国協会と総称される革命クラブが生まれ、政府批判を繰り広げた。

他方で、絶対王政の復活を目指す国王派も動きを活発化させた。なかでも使徒派(聖ヤコブにちなんだ名称)の政府攻撃は激しかった。絶対主義者は、封建的諸権利の廃棄とともに入会権などの伝統的な慣習も奪われて新たな金納による租税負担に苦しむ農民層の支持を受けた。

ナポレオン失脚後のウィーン反動体制下(一八一五年〜)の列強は、スペインにおける革命の進行と近隣諸国への波及を恐れて軍事干渉を決断した。この意向を受けて復古王政下のフランスはスペインに侵攻し、「自由主義の三年間」は葬られた。なお、フランス軍は一八〇八年の苦い経験を踏まえて、食糧調達にはスペイン人商人を登用するなど慎重な行動を採った。自由主義改革の恩恵に与らない農村部民衆からはほとんど反発が生まれず、目立った抵抗は諸都市の全国民兵隊に限られた。

スペイン領アメリカの独立

一八〇八年にナポレオンのスペイン支配が伝わると、本国と同じくスペイン領アメリカ各地にボナパルト王朝を否認する地方評議会が設置された。しかし上述の一〇年に開催されたカディス議会は、大西洋を越えて影響を行使することはできなかった。この年、ラ・プラタ副王領では、サン・マルティンがブエノス・アイレスでアルゼンチン共和国を宣言した。ヌエバ・グラナダ副王領ではボリーバルが運動を活発化させた。またメキシコでは、イダルゴとモレーロスが運動を指導した。

一八一四年に絶対主義に復帰したフェルナンド七世は、スペイン領アメリカとの合意を模索するどころか、本国から軍隊を派遣してメキシコとヌエバ・グラナダをいったんは平定した。しかし広大な南アメリカ各地の軍事的制圧は困難で、アルゼンチンにはほとんど介入できなかった。

クリオーリョ、メスティーソ、そしてインディオの対立も孕んで各地の解放運動は複雑な過程をたどる。大きなうねりは一八二〇年から二三年にかけて、本国で自由主義革命が成功した時期であった。脆弱な本国政府は、なんの解決策も提示できなかった。二四年、アヤクーチョの戦い(ペルー)でスペイン軍が大敗するとスペイン領アメリカの独立は決定的となり(以後、同地域はラテンアメリカと記す)、スペインに残された海外領土はキューバ、プエルトリコ、フィリピン、グアムなどだけになった。

海外領土の喪失は、スペイン経済に深刻な打撃を与えた。カタルーニャの綿工業や輸出向け農業は重大な危機に陥り、一八二一年のメキシコ独立で銀の輸入が途絶えたためにヨーロッパ諸国との貿易の欠損を補えなくなった。デフレが進行し、一二年を一〇〇とする物価指数は、二〇年には五〇、三三年には三五まで下落した。

自由主義国家体制の成立

フェルナンド七世は一八二三年一〇月から再度の絶対主義への復帰を行ない（「忌むべき一〇年間」）、軍事委員会は自由主義に協力した者たちを激しく弾圧し、浄化委員会は反体制的な国家役人を罷免した。異端審問所復活は見合わせたが、信仰委員会が異端的言動を取り締まった。

ラテンアメリカが独立を達成し、スペイン経済が崩壊に陥る中で体制を安定させるには、国王自ら「上からの改革」に取り組まざるを得なかった。ロペス・バリェステーロスらを中心に漸進的な行財政改革が行なわれた。一八二八年には初めて国家予算が策定され、部分的だが新たな租税制度が導入された。

伝統と特権を擁護し、異端審問所の復活を目指す使徒派は、カタルーニャで「被害者の乱」を起こしたが、国王軍に鎮圧された。その後も絶対主義者は旧体制に固執し、王弟カルロス・マリア・イシドロに期待を寄せた。

一八二九年にフェルナンドは四度目の妻マリア・クリスティーナと結婚したが、女子誕生の可能性を考えて、ブルボン王朝成立時に廃止されていた女子王位継承権を復活させた。翌年一〇月、のちにイサベル二世となる娘が誕生した。

カルロスの王位請求を退けるために、国王夫妻は自由主義勢力を味方に引き入れることを決意し、亡命自由主義者への恩赦を決定した。一八三三年九月、フェルナンドが死去すると、マリア・クリスティーナを摂政として娘イサベルが即位した。しかしカルロスは自らカルロス五世を名乗って即位宣言を行ない、スペインは第一次カルリスタ戦争(一八三三〜一八三九年)に突入する。

カルリスタ(カルロス支持派)は、バスク、ナバーラ、カタルーニャやバレンシアの山間部を支配地域とした。一八三三年一一月の全国を四九県に区分する政令公布に始まる中央集権化と立法統一化は、地方特別法を享受するバスク、ナバーラの住民層を広く伝統的諸特権擁護へと糾合した。伝統的慣行を維持し、教会の影響力が強い農村地域では、カルリスタの掲げる「神、祖国、国王、裁き手」というスローガンが農民層を惹きつけた。

北部地域で基盤を固めたカルリスタは、一八三五年には他地域に戦争を拡大した。だが、マドリード政府は、英仏の支援を受けるとともに、永代所有財産解放の措置で国庫収入を増して兵力を増強し、攻勢に転じた。三九年、ベルガーラ協定が結ばれて、地方特別法維持を条件にカルリスタの大半は抵抗を止めた。しかしカルリスタの残党は、その後も二度にわたって武装蜂起を行なっている(一八四六〜一八四九年、一八七二〜一八七六年)。

自由主義穏健派によって組閣された政府は、一八三四年に「王国組織法」を公布して二院制議会を導入したが、上院は国王任命で、下院は有権者に高い納税額を求める極端な制限選挙であった(有権者は人口のわずか〇・一五%)。自由主義進歩派は穏健派政権に対して自由主義政策の徹底を求めて活動を展開し、三五年にはメンディサバル政権が樹立された。メンディサバルは永代所有財産解放令（教会財産の国有化と売却）など近代化の諸措置に着手した。

翌年にマリア・クリスティーナが改革後退に転じると、各地で反政府運動が活発化し、結局、進歩派への政権委譲とカディス憲法の復活が実現した。法的・制度的な意味では、一八三六年から翌年にかけての進歩派政権の下で旧体制の最終的廃棄が実現した。メスタの廃止、限嗣相続制度の廃止、営業の自由、教会十分の一税の廃止、領主制の廃止などである。

一八三七年には、穏健派と進歩派の互いの妥協によって新憲法が制定された。カディス憲法と比べて国王の権限を強めたが、いわゆる国民国家の憲法となった。というのもラテンアメリカを失った今、スペインに限定された国民（共同体）の規定で事足りたからである。カディス憲法に則って憲法制定議会に参加を許されていたキューバの代議員は、新憲法制定と同時に議場から追放され、海外諸地方は「植民地」と位置付けられた。

3　寡頭的自由主義国家体制

穏健派政権の樹立

カディス憲法は普通選挙を初めて導入したと言われるが、三段階の間接選挙であって有権者の声は届きにくかった。一八三七年憲法では制限選挙であるが直接選挙となって、少なくとも有権者（人口の二・二％）が直接に代表者を選出できた。以後、財産（納税額）による制限をどこまで緩めるかをめぐって穏健派と急進派が争い、さらに制限の撤廃と普通選挙を要求する民主派が、この争いに加わった。

カディス憲法の宗教的不寛容から、一八三七年憲法ではカトリック国教化堅持に変わったが、他の信仰をどこまで許容するかが争点となった。信教の自由の明記は一八六九年憲法が最初となる。しかし国家と宗教の関係は二〇世紀まで問われ続ける。

一八三七年憲法が成立しても、立憲君主政の安定にはつながらなかった。摂政マリア・クリスティーナは、カルリスタの脅威が去ると保守的姿勢を露わにし、穏健派はこれに同調した。エスパルテーロ将軍は進歩派に接近して首相の座につき、四〇年には摂政はパリに亡命した。しかしエスパルテーロの自由貿易主義と親イギリス的政策はカタルーニャ綿工業の利害に反し、激しい反発を招いた。その強権的施策のため政権は四三年に崩壊した。

再び政権を握った穏健派は、一八四四年に治安警察を創設するなど国内治安対策を強化し、四五年には「正理論派自由主義」に基づいて国王権限を大きく強めた一八四五年憲法を成立させた。有権者の数は再び極端に制限され(人口の〇・八%)、進歩派の基盤であった全国民兵隊も解散させられた。

穏健派は、長く緊張の続いていた教会との関係を改善した。一八五一年、ローマ教皇庁と政教協約を結び、カトリック国教化が再確認された。すでに実施された永代所有財産解放令による教会財産売却が承認される一方、教会の維持費と聖職者の俸給は国家負担となった。さらに五七年の公教育法によって教会による初等教育管理が保証され、保守的国家体制とカトリック教会の同盟は完成する。

「進歩派の二年間」

一八五〇年代に入ると、政権の腐敗が顕著となった。鉄道法制定と敷設利権をめぐる汚職告発もあり、政局は混迷した。一八五三年にサルトリウスの内閣が一八四五年憲法の改正によって執行府権限をより強化しようとすると、進歩派とかなりの部分の穏健派が反政府運動を展開した。女王イサベル二世は、老年の進歩派軍人エスパルテーロに政権を委ねて、事態を収拾しようとした。

一八五四年から五六年にかけては「進歩派の二年間」と呼ばれるように、進歩派の年来の主張が実施に移され、一八三七年憲法も暫定的に復活させた。一八五六年憲法草案は、公布には至らなかったが、立憲君主政を謳い、全国民兵隊の再設置、自治体首長の直接選挙などに加えて、「カトリックに反する公的祭祀」は行なわないという条件で信教の自由が盛り込まれたものだった。

最大の自由主義政策は、大蔵大臣マドスが進めた永代所有財産解放であった。永代所有財産解放一般法（一八五五年）は、未売却の教会地に加えて自治体所有地なども国有化・売却の対象に定めた。自治体所有地売却（世俗永代所有財産解放）は、当初は日雇い農民に土地獲得の期待を抱かせたが、土地細分化をしない競売方式となって、その取得者はもともとの地主や新興市民に限られた。総じて進歩派の二年間は、民衆の生活を改善したわけでも、その要求を考慮したわけでもなかった。

この頃には普通選挙を求める民主派が新たな政治勢力として誕生し、やはり生まれたばかりの労働運動がこれに同調した。一八五五年七月には初めてのゼネストがバルセローナで闘われ、スペイン南部の農村部では自治体所有地売却反対の激しい抗議運動が起こった。

都市と農村の騒擾に厳しく対処しようとする陸軍大臣オドンネルを前に、エスパルテーロは辞任し、イサベル二世はオドンネルに組閣を命じた。オドンネルは抵抗運動を弾圧し、一八四五年憲法の復活と全国民兵隊の解散を実現した。

穏健派の危機

イサベル二世は政治を一八五四年の状態に戻そうと、より保守的なナルバエスらの穏健派政権に託すが、いずれも短命に終わった。次いで穏健派左派と進歩派右派を糾合した自由主義連合を率いるオドンネルが五八年に再び政権に就き、これは六三年までの長期政権となった。

この長期的安定は、一つには鉄道ブームに代表される経済の発展があったこと、もう一つには対外戦争によって国民の関心を国外にそらせたことで達成された。インドシナ出兵(一八五八～一八六三年)、メキシコ干渉(一八六二年)などに加えて、モロッコへの出兵(一八五九～一八六〇年)である。インドシナ出兵では、コーチシナ(ベトナム南部)でのフランス人・スペイン人宣教師殺害への報復としてフランスのナポレオン三世に加担して軍隊を派遣したが、フランスのインドシナにおける権益拡大を助けるだけに終わった。メキシコ干渉では、メキシコ政府の債務履行を迫るためにナポレオン三世がイギリス・スペインを誘って出兵したが、メキシコ軍の抵抗を前にイギリス・スペイン軍はすぐに撤退し、フランス軍も一八六五年に撤兵を余儀なくされた。

これらに対して、モロッコへの出兵はスペイン国民の熱狂を引き起こしたとされる。スペインは北アフリカ沿岸部での覇権を維持するために、セウタ(一四一五年にポルトガルが占領し、一五八〇年にスペイン領となる)とメリーリャ(一四九七年に占領)といくつかの岩島を要衝としておさえていた(ちなみにこれらは現在もスペインの「アフリカ飛び地」である)。現地ベルベル人によるセウタの施設攻撃が生じると、オドンネル内閣は大々的なモロッコ派兵を決定した。仰々しく「アフリカ戦争」と銘打たれたこの戦争でスペインは、セウタの領域拡大とモロッコ南部のイフニの併合に成功しただけだったが、アラルコン『アフリカ戦争の証言日記』(一八五九年)に書かれた軍人の武勇伝に人びとは興奮した。

「名声」を求めた対外政策の魅力が失せる中で穏健派が巻き返しを図って、一八六三年から六八年にかけては主に穏健派政権が続き、ますます強権的な手法が強まった。しかし鉄道への

7-3 アフリカ戦争の一齣「テトゥアンの戦闘」(1860年2月4日．19世紀の版画，ロマン主義博物館)

投資が収益を生まないことが露呈して金融危機が発生し、アメリカ合衆国での南北戦争で原綿輸入が途絶えてカタルーニャ綿工業が深刻な危機に陥り、経済は再び悪化した。六六年から六八年にかけての不作と食糧危機は民衆の不満を一挙に高めた。このような状況を前に、進歩派と民主派は六六年にベルギーのオステンデで協定を結び、イサベル二世の王政打倒に向かった。六七年にオドンネルが死去すると、セラーノ将軍のもと自由主義連合もこの共闘に加わった。

永代所有財産解放と工業化の進展

一八三六年のメンディサバル、五五年のマドスらの施策によって、一八三六年から一九〇〇年までに少なくとも国土の約七分の一にあたる教会地と自治体地が永代所有財産解放の対象になったと推計される。すでに触れたように、土地売却は左派自由主義者の唱えた小農民への分与ではなく、国家財政の観点から競売方式で行なわれて、もともとの地主や新興市民、富裕農が買い手となった。アンダルシーアでは大土地所有制度が一層拡大した。

しかし土地市場の拡大は農業への刺激となり、一九世紀の人口増加(一七九七年の一一五〇万人から一九〇〇年の一八六〇万人)に見合う農業生産拡大が見られた。一八〇〇年を一〇〇とした小麦生産は、三〇年には一一七であったが、六〇年には一五七に達した。

ギルド廃止や営業の自由が実現して、近代工業の発展も見られた。石炭と鉄鉱石を産出する北部では、近代的高炉が導入されて製鉄業が成長した。織物業の盛んであったカタルーニャでは、イギリス製の機械導入で綿工業生産が飛躍的に増加し、繊維工業全般の隆盛をみた。一八五六年に、スペインの繊維工業に占める同地方の割合は三分の二に達している。しかし小規模経営が一般的であり、国際競争力を欠いていた。同地方は「スペインの工場」の名を誇るが、中央政府に保護主義政策を要求せざるを得なかった。

鉄道は一八六六年には総延長約五〇〇〇キロに達した。鉄道ブームは、資金調達のために銀行制度の近代化を促したが、国内産業への後方連関効果は乏しかった。資金面でも鉄道資材の調達面でも諸外国に大きく依存していたからである。一九世紀半ばから鉛・銅・鉄などの鉱産物の開発が進むが、その鉱業権も外国企業に譲渡された。ヨーロッパ資本主義は、スペイン経済を従属的地位に置いてさらに発展していった。

国民意識の形成と国民史学

一八三五年に政治家で作家のアルカラ・ガリアノは、自由主義国家の課題を「スペイン国民を一つの国民にすることだ。今はそうではないし、今までもそうではなかった」と率直に述べたが、「複合君主政」が長く続いたスペインでは国民意識の形成は困難を極めた。

他のヨーロッパ諸国と同様にスペインでも、学校教育や軍隊という装置の整備が企図されたが、いずれも国民的なものにならなかった。一八五七年にときの大臣の名にちなんだモヤーノ公教育法が制定されたが、財政的裏付けを欠いて学校教育は広がらず、一九〇〇年になっても就学児童は四割にすぎなかった。教育言語はスペイン語(カスティーリャ語)に限られたが、地域固有の言語をもつカタルーニャ、バスク、ガリシアでは、国家公用語の押しつけへの反発から固有言語復権の運動が生じ、地域ナショナリズムに発展した(第8講参照)。

軍隊に関しては、一八三七年に徴兵制度(キンタス。地区ごとに籤引きで一定数を徴兵)が整備されたものの、免除金を払うか代理人を立てることで富裕者は兵役を免れていた。六年から八年におよぶ兵役負担は「貧民の血の税金」と呼ばれて民衆の怨嗟の的であった。

さらにスペインが国民統合の手立てとしてカトリック教会との同盟を堅持したことは、農村部を中心とした伝統的スペインの統合化に役立ったものの、国家への反発と結びついた反教権主義を呼び起こすことになった。スペインでは政教分離と世俗化の問題は二〇世紀後半まで続く。

歴史学に目を向けると、複合君主政下の諸国の歴史を超えた総体的スペイン史の叙述が一九世紀に入るまでほとんどなかったことは、中世に成立した諸地方の独自性が色濃く残ったことの証左である。だが、スペイン独立戦争とカディス議会の動きを経て、少なくともエリート層のあいだにスペイン国民という意識が生まれたことは明らかである。

画期を成すのはM・ラフエンテの『スペイン全史』(全三〇巻、一八五〇~一八六七年)で、とくにフランスのギゾーの歴史叙述の影響を受けつつ、侵略に対する独立精神をスペインの歴史を貫く柱として、ローマ支配に対する先住民の抵抗、中世レコンキスタの「国土回復」、ナポレオンに対する

「独立戦争」を大きく謳いあげた。そして、ラフエンテもその正会員となる王立歴史アカデミーは、さまざまな実証主義的成果をあげていき、ラフエンテの仕事を継承して、スペイン国民を一体として称揚する「国民史学」を発展させていった。

しかし、こうした伝統的国民史学の流れを汲みながらも、カトリック信仰を国家の神髄とする反自由主義的歴史学がやがてメネンデス・イ・ペラーヨらによって打ち出され(第8講参照)、それは二〇世紀にフランコ体制期の「ナショナル・カトリシズム」によって受け継がれる。

この時期に、やがて地域ナショナリズムに論拠を与えることになる、スペイン全体ではなく地域固有の歴史を謳いあげる歴史研究がカタルーニャ、バスク、ガリシアで登場したことにも注目したい。とくにカタルーニャではV・バラゲーやA・ブファルーイらが活躍して、スペイン国民史学に対抗するいわゆる「カタルーニャ国民史学」の土壌がつくられ、やがてソルダビーラ『カタルーニャ史』(全三巻、一九三四〜一九三五年)に結晶する。

4　第一共和政の誕生と崩壊

六八年九月革命

一八六八年九月、カディスで進歩派のプリム将軍を中心にクーデタ宣言が発せられ、各地に革命評議会が結成された。政府軍がアルコレアで敗北すると、イサベル二世はフランスに亡命した。こうして九月革命は成功し、「革命の六年間」が始まった。
自由主義連合、進歩派、民主派からなる「九月連合」の臨時政府は翌年六月に新憲法を公布して、国民主権に基づく立憲君主政、男性普通選挙、二院制議会、個人の諸権利などを認め、カトリックを国教と定めるものの信教の自由を保障した。一八六九年憲法は、同時代のヨーロッパの中でも非常に進んだ民主的憲法であった。

しかし新国王の選出は、ヨーロッパ諸国の利害も絡んで難航した。フランスとプロイセンの利害対立に巻き込まれず、しかもブルボン家との縁戚関係の強くない候補は限られた。ようやくイタリア・サヴォイア家のアマデオが選ばれ一八七〇年末にスペインに到着したが、その直前に後見人となるはずのプリムが暗殺された。アマデオ一世は、政治的後ろ楯を欠いて、国内の政治的社会的対立が深刻化するなか、七三年二月に王位を放棄して退位した。

民主的立憲政治を困難にしたのは、一つには、これまで政治から排除されていた都市・農村民衆が、消費税や徴兵制の廃止、失業対策の実施、賃金引上げ、土地分割などを一挙に求めて運動を展開したから、二つには、王政そのものを否定する共和派が都市部を中心に激しい運動を始めたからであった。スペインの共和派は連邦主義的傾向が強かったが、そこには地域主義的要素も含まれていて、とくにカタルーニャで支持を得た。なかには急進化して、第一インターナショナル（一八六四年にマルクスらによって結成された国際労働者協会）の理念に同調するグループも現れた。そして三つには、イサベル二世の息子アルフォンソの下でのブルボン朝復活を願う穏健派は民主的議会政治から距離を置いており、信教の自由に反発する教会もまたアルフォンソ支持に回ったためである。

さらに政治を不安定にさせた要因が、植民地キューバでのスペインからの独立戦争、いわゆる十年戦争（一八六八〜一八七八年）と、スペイン北部で絶対主義者が再び起こしたカルリスタ戦争（第三次、一八七二〜一八七六年）であった。

第一共和政の成立と崩壊

国王が不在となって上下両院は合同議会を開催し、一八七三年二月一一日、賛成二五八、反対三二の大差で共和国樹立を宣言し、連邦共和派のフィゲーラスが初代大統領に就任した。五月に憲法制定議会選挙が実施されて連邦共和派が圧勝したが、棄権率は六割を超えていた。すでに反政府勢力は議会政治から離反していた。

六月八日に開かれた憲法制定議会は、スペインが「連邦共和政」であることを宣言し、ピ・イ・マルガイが大統領に選出された。新憲法の制定が急がれ、七月一七日に草案が議会に提出されたが、翌日に大統領が辞任し、憲法審議は中断した。カントナリスモ（各地で独立自治区を形成し、それらの相互契約を基にスペイン連邦を構築しようとする運動）が、地中海周辺の市町村で広がりを見せ、活動家カントナリスタ鎮圧には軍隊の協力が必要となったからである。保守派は、この下からの連邦国家樹立の動きをパリ・コミューン（一八七一年）の再現と見なして警戒した。

大統領にはサルメロン、続いてカステラールが選出されるが、軍隊への依存と中央集権化は避け

7-4 パビア将軍のクーデタ(1874年1月3日). 国会が占拠され, 第一共和政は崩壊した

られなかった。カントナリスモの運動は制圧されるが、政府への反発も高まって、一八七四年一月の議会でカステラールは不信任を突き付けられて辞任した。政府が再び左傾化するのを警戒したパビア将軍は、クーデタを行なって議会を閉鎖し、事実上、ここに第一共和政は崩壊した。

その後、急進派のセラーノ将軍が大統領に就き、一八六九年の体制に戻すことを宣言したが、七四年一二月にマルティネス・カンポス将軍がクーデタを起こして、アルフォンソ(一二世)の王政復古を宣言した。カノバス・デル・カスティーリョの画策によって、アルフォンソはすでにサンドハーストで声明を出し、社会秩序を守る保守的・カトリック的王政にスペインを戻すと誓っていた。

「革命の六年間」の遺産

一八七三年憲法草案には、一九世紀後半から二〇世紀の混乱を経たのち、現行憲法(一九七八年)で実現する要素が少なからず含まれていた。キューバとプエルトリコの両植民地も含めて一七の連邦州が承認されて、スペインは中央集権を排した連邦制国家になると規定されていた。基本的人権をすべての実定法に先立つ「自然権」と認めて、国家と宗教の分離が明白に定められた。

この頃、カタルーニャでは地域言語・文化の復権運動が広がりを見せ始めていたが、共和政崩壊で連邦主義の可能性が断たれると、アルミライらはピ・イ・マルガイと袂を分かち、カタルーニャ主義を前面に打ち出すようになる。

一方、第一インターナショナル・スペイン地方連合は一八七一年に議会で非合法化されたが、アナーキズムの影響を受けた政治運動は、非妥協的連邦主義とカントナリスモの蜂起に加担していく。各地の蜂起は鎮圧されるが、社会主義者Ｆ・ガリードのような「インターナショナルを誕生させた原因」をこそ取り除くべきだという主張は掻き消された。こうして、地域ナショナリズムや反資本主義を特徴とする新たな政治結社と労働組織が、王政復古体制の経過のなかで息を吹き返し、新たな展開を見せることになる。

第 8 講

王政復古体制から
スペイン内戦まで

1870 年代〜1930 年代

スペイン内戦，爆撃後のゲルニカの町(1937 年)

1875	アルフォンソ 12 世，マドリード入城
1876	1876 年憲法公布
1879	PSOE(社会労働党)結成
1885	アルフォンソ 12 世没，マリア・クリスティーナ王妃が摂政
1886	アルフォンソ 13 世，誕生と同時に即位
	奴隷制廃止
1888	UGT(労働者総同盟)結成
1890	男性普通選挙制定
1895	PNV(バスク・ナショナリスト党)結成
1897	カノバス，アナーキストにより暗殺
1898	米西戦争に敗北，パリ講和条約
1901	カタルーニャでリーガ(地域主義連盟)結成
1909	「悲劇の 1 週間」
1910	CNT(全国労働連合)結成
1914	マンクムニタット(カタルーニャ 4 県連合体)発足
1917	軍防衛評議会設置
	UGT のゼネスト，政府は戒厳令施行
1918	アンダルシーアで「ボリシェヴィキの 3 年間」(～1920)
1921	モロッコのアンワールで軍事敗北
	PCE(スペイン共産党)創立
1923	プリモ・デ・リベーラ独裁(～1930)
1931	市町村議会選挙，大都市を中心に共和派が勝利
	アルフォンソ 13 世亡命
	第二共和政成立，1931 年憲法公布
1932	カタルーニャ自治憲章成立
1933	総選挙で右派 CEDA(スペイン独立右翼連合)と急進党が勝利
1934	「10 月革命」
1936	人民戦線が総選挙で勝利
	スペイン内戦(～1939)
1937	ドイツ空軍，ゲルニカ爆撃
1938	フランコ，労働憲章を公布
1939	フランコ，内戦終結宣言

1　王政復古体制の成立と動揺

一八七五年一月、イギリスからスペインに戻ったアルフォンソ一二世は、カノバスに王政復古体制の構築を委ねた。伝統的王政の否認と政教の分離がもたらした混乱からスペインを救うことを目指したカノバスの理念は、一八七六年憲法に凝縮された。

二大政党制による政権交代

この憲法は一八四五年憲法と一八六九年憲法の基本的要素を折衷したといわれる。国王の不可侵性を謳い、憲法停止権を含めて国王に大きな権限を与える一方で、議会(二院制)は国王と主権を分有するとし、下院議員は選挙で選ぶとした。当初は制限選挙制であったが、一八九〇年には男性普通選挙制となった。さらに言論・集会・結社などの権利を定め、一八五一年の政教協約の有効性を再確認しつつも、公的な宗教活動を禁じるという条件でカトリック以外の信教の自由も保障した。

カノバスは、王政復古体制を支える政党として保守党を結成した。公共秩序の維持を優先させるも、保守党に対抗して自由主義を信奉する勢力は、サガスタのもとに自由党を結成した。カノバスが構想し、サガスタが同調したのは、イギリスに擬えた穏健な立憲君主政であった。そのためには、保守党と自由党が議会において圧倒的多数を占める二大政党制を樹立することが必要であった。しかし、一八七六年に第三次カルリスタ戦争を終結させたとはいえ、反自由主義で伝統とカトリック信仰を擁護する保守十全主義者(インテグリスタ)が保守的民衆に大きな影響力をもっていた。他方で、「革命の六年間」に挫折を味わい、分裂していた共和主義者も勢力を取り戻しつつあった。さらには、後述するように地域ナショナリズムが展開を始めていた。

そこで保守党と自由党は、合議による政権交代を行ない、発足した新政権が総選挙を実施して議会で絶対多数を確保する仕組みを練り上げた。カシーケと呼ばれる地方有力者を活用した投票行動の統制と、選挙結果の大規模な歪曲である。この「カシキスモ」に支えられた二大政党制は一九一〇年代に入るまで安定的に維持され、上述の男性普通選挙のほか、奴隷制の最終的廃止(一八八六年)、結社法(一八八七年)、婦女子の労働制限法(一九〇〇年)など、スペインの社会改革と近代化に一定の貢献をした。総じて王政復古期の政党政治には否定的評価が与えられてきたが、安定した議会政治がもたらした成果には注目したい。ただし、カシキスモが横行し、反体制派に十分な議席数獲得の道を閉ざしたことは、選挙制度そのものへの民衆の不信を増幅させた。王政復古期の投票率は、二〇%を下回っていたのである。

ところで一九世紀末には、カタルーニャが繊維工業で栄える一方で、ベッセマー転炉などの導入によってバスクが製鉄業の中心となった。加えて金属加工業や機械製造業、造船業が成長し、バルセローナに加えて、マドリード、バスク、アストゥリアスなどが工業地域として確立した。一八七九年にPSOE（社会労働党）が結成され、八八年にはこの政党を母体とするUGT（労働者総同盟）が結成されたが、その影響力はマドリードとスペイン北部に限定されていた。一方、バルセローナと日雇い労働者を多く抱えたアンダルシーアでは、政党政治を拒むアナーキズムが浸透した。これは、暴力行動を志向するグループ（九七年にカノバス首相を暗殺）とアナルコサンディカリストに大別された。後者は一九一〇年にCNT（全国労働連合）に結集し、スペイン内戦までの労働運動に大きな影響を及ぼした。

一八九八年の敗北

植民地政策に関しては、一八七八年のサンホン和約で十年戦争を終わらせたものの、キューバ支配者層の自治要求に迅速に応えることはなかった。しかし一九世紀末、キューバ経済はアメリカ合衆国への依存度を圧倒的に強めており、九四年にはキューバ産砂糖の約九割が合衆国向けであった。

一八九〇年代半ば、キューバ独立派の反乱が頻発し、スペインは軍隊を継続的に派遣したが、その財政的負担は耐え難いものになっていた。合衆国はキューバ島の購入をスペインに提案したが、「スペイン帝国」の最後の砦であるキューバを易々と放棄することは、威信を重んじる軍隊の動向を恐れる政府にはできなかった。

一八九八年二月、ハバナ港での軍艦メイン号爆破事件を機に合衆国はスペインに宣戦布告した（米西戦争）。合衆国艦隊はスペイン艦隊を次々に撃破して、スペイン軍は惨敗した。同年一二月、パリ講和条約が締結されて、キューバは独立し、プエルトリコ、フィリピン、グアムはアメリカに割譲された。昔日の「スペイン帝国」は名実ともに失われた。

ただ、こうした結果がスペイン本国の経済に深刻な危機をもたらすことはなかった。二大政党制によって政治は安定しており、戦争敗北で植民地からの資本還流が起こり、本国の経済に莫大な投資がなされたからである。

しかし知識人たちは、これを「災厄(デサストレ)」と受け止めた。ウナムーノ、バリェ・インクランなどの「九八年世代」として知られる文学者・思想家たちは、スペインの後進性についての悲観的洞察を行なった。一方、スペイン政治の再生と近代化の必要を訴える運動も生まれ、「再生主義」運動が登場した。なかでもJ・コスタはカシキスモを痛烈に批判して、「鉄の外科医」による改革断行を期待した。しかしこれは、カシキスモ打破と政治的刷新を求める動きにだけでなく、政党政治そのものを否定する動き、とくに政治への軍の介入にも根拠を与えることになる。

「イスパニダー」の創造

一九世紀初めに独立したラテンアメリカ諸国は、かつての宗主国スペインにとって希薄な存在となっていた。一八九二年の「アメリカ発見四〇〇周年」はほとんど国民的反響を呼ばなかった。しかし米西戦争でのスペインの敗北によって、ラテンアメリカにとっても合衆国の膨張主義の脅威は現実のものとなった。その結果、アングロサクソンに対比した「スペイン民族(ラサ・イスパーナ)」の文化的・精神的結びつきを謳う思潮が現れた。

この時点でのラサは人種的概念ではなく、言語的・文化的共同体の概念であったことに注意したい。一九一〇年代には一〇月一二日(コロンブスのアメリカ到達の日)を「ラサの日」として記念顕彰する動きが、スペインとラテンアメリカ諸国で盛んとなり、一九一八年にスペインではこの日を「国祭日」とする法案が国会を通過した。

一方、人種概念としてのラサとの混同を避け、スペイン＝ラテンアメリカの言語＝文化共同体(言語に基づくイスパノ―アメリカ共同体)を表す新たな用語として思想家ウナムーノが「イスパニダー(ヒスパニティ)」を唱えると、これは広く受け入れられるようになった。

しかし一九二〇年代からビスカーラらの保守思想家が唱えた「イスパニダー」は、「絶対的にキリスト教的なもの」、すなわちカトリック信仰を共同体の決定的要素とした。これを継いでマエストゥは『イスパニダーの擁護』(一九三四年)を著して、後述する第二共和政下の政教分離政策を糾弾した。ビスカーラからマエストゥにつながる流れをさらに受け継いだのが、フランコ体制の「ナショナル・カトリシズム」である。

なお後々のことだが、一九五八年に「ラサの日」は「イスパニダーの日」に名称変更となり、ポスト・フランコの一九八一年にはあらためて「イスパニダーの日」が国祭日と定められて現在に至っている。

一九世紀を通じて司法、行政、学校教育などでスペイン語（カスティーリャ語）使用が義務化されるなかで、地域固有の言語と文化を擁護しようとする運動が盛んになった。国家公用語を拒むには至らないものの、この固有言語復権を主眼とした地域ナショナリズムは、カタルーニャではラナシェンサ、ガリシアではレシュルディメントという文芸復興運動を基盤に拡大していった。

地域ナショナリズムの展開

とくにカタルーニャでは、連邦共和主義に失望したV・アルミライらが政治的主張、つまり自治権獲得に焦点を合わせた運動を起こした。アルミライの進歩主義的傾向に反発しつつも自治権獲得を目指す保守的諸勢力は、一八九一年にカタルーニャ主義連合を結成し、マンレーザ綱領（九二年）でカタルーニャ語の域内公用語化と、三三年の県制導入で四区分された地域（もとのカタルーニャ公国領域）の一体的自治権獲得を唱えた。商工業ブルジョワジーの支持を受けてこの地域ナショナリズムは、一九〇一年のリーガ・ラジオナリスタ（地域主義連盟、以下リーガ）結成につながり、プラット・ダ・ラ・リバ、カンボーらが率いるリーガは二大政党制に幻滅した諸階層の支持を集めて地域政治の主導権を握るに至った。しかし一九〇九年、モロッコでの戦争に反対して起きたゼネストをきっかけにバルセローナでは「悲劇の一週間」と呼ばれる暴動が起こり、軍隊が導入されて鎮圧された。なおこの暴動は、体制に癒着するカトリック教会への反発、すなわち反教権主義（アンティクレリカリズム）の表明となって、市内の四〇余りの修道院・教会が焼き討ちに遭った。こうした社会的騒擾を恐れるリーガは以後右傾化する。

ガリシアでは、農村部住民の間でガリシア語と文化的伝統が根付いていたが、産業化と都市形成が遅れたこの地域では、少数の知識人の動きから大衆的広がりをもつ政治運動にまで発展するには時間を要した。その展開は王政復古末期を待たねばならない。

バスクでは、一八九五年、アラーナがPNV（バスク・ナショナリスト党）を創設し、地方特権、宗教の擁護という伝統的スローガンとともに、固有言語であるバスク語よりも「バスク人種」の堅持という民族主義的主張を掲げた。一九世紀末の急速な工業化と他地域労働者の大量移入に対する反発がその背景にあったといえる。アラーナ死後には独立ではなく自治を要求する穏健派が、次第に裾野を広げた。

ラモン・ノセダルらの極端な保守十全主義党（一九〇六年結成）を支持する者は少なかったが、地域ナショナリズムへの反発に加えて、労働運動の展開、社会の世俗化進展に危機意識をもったスペインの伝統的保守層は、スペインの偉大さはカトリック信仰にあるとする国家ナショナリズムに共鳴していった。これには、メネンデス・イ・ペラーヨ『スペイン異端者の歴史』（全三巻、一八八〇〜一八八二年）が思想的・歴史的論拠となっていた。ペラーヨによれば、国家の神髄は「福音伝道のスペイン」にあるとされた。カトリック国民とスペイン帝国の偉大さの一体化意識は、「ナショナル・カトリシズム」として、政教分離や信教の自由を掲げる運動と真っ向から対立することになる。

一九一四年に第一次大戦が勃発するとスペインは、交戦諸国の一方に加担することを嫌い、中立を維持した。国内の世論は分かれ、国王アルフォンソ一三世(一九〇二年に親政を開始)を含めて保守層は同盟国支持派が、共和主義者には協商国支持派が多かったが、労働者団体は非参戦を唱えた。戦時需要のおかげでスペイン経済は大きく成長したが、インフレと生活物資不足のために民衆の生活水準は低下した。

一九一七年、UGTはゼネストを打ち出したが、政府は憲法を停止し戒厳令を発してこれを弾圧した。大戦終結で経済状況の悪化した一九年、CNTがカタルーニャでゼネストを組織し、一時バルセローナの都市生活は麻痺したが、これも長くは続かなかった。

一九一七年には、「軍防衛評議会」を結成した士官たちが待遇改善を求めて政権を揺さぶった。さらに、憲法停止に反発する国会議員たちはバルセローナで議員会議を開催したが、政府は耳を貸さなかった。二大政党支配に基づく議会政治は急速に求心力を低下させ、権威主義的統治を求める声が高まった。

この後、労働争議はさらに先鋭化し、アナーキストが暴力的直接行動に訴えると、企業家たちは雇用主連合を組織し、殺し屋を雇って対抗した。バルセローナでは、一九一七年から二三年にかけて悲惨な報復行為が繰り返されて二〇〇人を超える死者が出て、「銃撃の時代」と呼ばれた。なかにはダト首相、労働組合指導者セギ、労働法弁護士ライレの暗殺などもあった。

一方、アンダルシーアでは「ボリシェヴィキの三年間」(一九一八～一九二〇年)と呼ばれるように、ロシア革命に刺激を受けるとともにアナーキストに煽動されて、日雇い農民たちが土地の分配を求める激しい運動を展開した。こうした状況にもかかわらず二大政党はそれぞれに党派分裂して、一九一八年から二三年にかけて組閣された一二の政府はすべて短命に終わり、一九年から二二年まで憲法停止の非常事態が続いた。

混迷に追い打ちをかけたのがモロッコ問題であった。一九世紀末にヨーロッパ列強のアフリカ進出に乗じて、現在のモロッコとモーリタニアの間の地域をスペイン領サハラとする一方、セウタとメリーリャを拠点にしてモロッコ北部リーフ地方での権益を拡大し、一九一二年には残る大半のモロッコ地域をフランス保護領としたフランスと分割条約を結んで、リーフ地方をスペイン保護領としていた。しかしとくに鉱山開発をめぐって現地ベルベル人の反発を招き、第一次リーフ戦争(一八九三～一八九四年)、第二次リーフ戦争(一九〇九～一九一〇年)、第三次リーフ戦争(一九二〇～一九二七年)とたびたび本国から兵士を派遣して現地人反乱の鎮圧にあたった。

一九二一年七月、戦略的不手際からスペイン軍はアンワールにおいて、アブドゥル・クリム率いるベルベル人部隊に大敗を喫して、一万人以上の犠牲者を出した。この事件に世間は沸き立ち、敗北の責任を求める声が強まった。国会では調査委員会がつくられて「ピカソ調査書」が作成され、モロッコ軍事活動を支持した国王アルフォンソ一三世への批判も高まった。この報告書の国会討論が予定された日の数日前の二三年九月一三日、カタルーニャ方面軍司令官プリモ・デ・リベーラがクーデタを起こした。国王はこれを是認して、プリモに軍事政府を樹立させた。

2 プリモ・デ・リベーラの独裁

独裁体制への歓迎と反対

腐敗した政党政治に失望していた知識人のなかには、プリモ・デ・リベーラが「鉄の外科医」として旧弊に大胆なメスを入れるのを期待する者もいた。哲学者オルテガ・イ・ガセー（一八八三〜一九五五）もその一人で、「軍人執政の果たすべき仕事は、もっぱら旧い政治を終わらせることである」と当初は事態を肯定的に受け入れた。「銃撃」の続く社会不安のなかで、リーガに結集するカタルーニャ保守層もプリモによる秩序の回復を期待した。軍事政府は一九二五年九月には、アルホセイマ湾上陸作戦を敢行し、ベルベル人部隊の抵抗に毒ガスの投下によって反撃した。こうしてモロッコ問題を鎮静化させたことも、軍人執政を広く歓迎させた。同年一二月、プリモは文民執政に統治形態を代えて、独裁体制の長期化を目指した。

プリモ独裁体制は、二大政党の解体とカシキスモ打倒に留まらず、国家の一体性を揺るがすものとしてCNTの労働運動やカタルーニャ主義の急進的団体を厳しく弾圧した。しかしカタルーニャの言語と文化をも排除しようとする姿勢には、早くも一九二四年三月に、ウナムーノやオルテガ・

イ・ガセーを含む一一五人の知識人が「声明」を発して文化政策の修正を迫った。しかし独裁政権側は耳を貸さず、二五年にはマンクムニタット（カタルーニャ四県連合体、一四年に認可されていた）を廃止し、カタルーニャ語の公的使用や民族舞踊サルダーナの禁止といった行政措置を取った。強圧的姿勢に失望した知識人たちは、共和主義諸政党との連帯を模索して、二六年二月一一日（第一共和政成立の日）に「共和同盟」に加わっている。

コーポラティズム国家の試みと挫折

プリモは一九二四年に、独裁の新たな支持基盤とすべく、一九二二年から政権を握っていたイタリア・ファシスト党をモデルにＵＰ（愛国同盟）を創設したが、確固たる政党に育成することはできなかった。文民政府への移行後は、社会的・政治的コーポラティズム（協同体主義）に基づいて国家機構を改編すべく、二七年に国民諮問会議を創設した。その構成員は、職能団体の代表や行政機関の役人、各種経済・文化団体の代表からなり、普通選挙の原理は否定されていた。同会議は、二九年七月にコーポラティズム的原則の国家基本法草案を策定するが、すでにＵＰの勢力も分裂し、政治・経済危機が進む中で、これを国民投票に持ち込むことは不可能であった。

政治体制構築が不十分であったにもかかわらず、プリモ独裁体制が一九二九年末まで持ち堪えたのは、二〇年代の国際的好景気の恩恵を受けたことが大きかった。強権的に急進的労働運動を抑え込む一方、穏健的社会主義者を体制に取り込もうと努め、一時期は社会主義者ラルゴ・カバリェーロも政府に協力した。そして独裁政府は、工業発展を重視して、国家介入主義に基づく保護主義的経済政策を実施した。道路、鉄道、地下鉄などの大規模な公共事業を推進し、CAMPSA(石油独占会社)などの国営企業に独占的経営を行なわせた。二九年にはセビーリャでイベロアメリカ博覧会が、またバルセローナでも国際博覧会が開催され、スペインの近代化の成果が誇示された。

しかし、これらの政策によって支出は大幅に増加し、多額の国債が発行され、一九二四年と比べて二九年にはじつに七倍になっていた。同年には、独裁下での財政赤字と強度のインフレの結果、通貨危機が発生して財政破綻が顕在化した。経済界は通貨切り下げを要求するが、プリモ政府はペセータの信用を独裁の威信と結びつけて無理な金融・財政政策をとり続けた。協力的だった経済界も、プリモ政府からの離反を始めた。なお、独裁期には国家経済を重視する経済的ナショナリズムを推進したために、一九二九年一〇月に起こった世界恐慌がスペイン経済に与えた影響は相対的に軽く、独裁の崩壊との関連は薄い。

王政の崩壊へ

プリモは、軍内部のアフリカ派(モロッコ植民地で活躍)と本土派(一九一七年に上述の防衛評議会を結成)の対立を解決することができず、昇進制度の改変で砲兵隊・工兵隊の不満も高めた。再びストライキが激化して反体制派の活動が活発化したが、もはやプリモは軍の支持を得られず、三〇年一月に辞任した。

アルフォンソ一三世は、ベレンゲール将軍に組閣を命じ、一八七六年憲法を復活させたうえで、プリモのクーデタ以前の状態に政治を戻そうとしたが、この「柔らかい独裁」が反体制派を満足させることはなかった。七年間にわたってプリモ独裁を支持していた国王には、事態解決は不可能であった。共和同盟に結集していた共和主義勢力は二九年に分裂していたが、三〇年八月、共和主義者、左派カタルーニャ主義者、社会主義者などがサン・セバスティアン協定を結んで大同団結に成功し、革命委員会がつくられた。

一九三一年二月には、オルテガ・イ・ガセーらの知識人が「共和国に奉仕するグループ」の設立宣言を出した。ベレンゲールに代わって首相となったアスナール提督は、同年四月一二日に市町村議会選挙を実施したが、これは実質的に王政存続の可否を問う国民投票となった。農村部では王政支持派が勝利したものの、都市部の大部分では共和派候補が勝利した。

マドリードやバルセローナを中心とした大都市では、歓喜した民衆が街頭を占拠して、共和政を要求した。国王アルフォンソ一三世は退位を決断し、「国民こそがスペインの命運を決める唯一の主人である」と認めて、スペインを離れた。

3　第二共和政

第二共和政の誕生

一九三一年四月一四日、各地で共和政宣言が出され、マドリードでは革命委員会がアルカラ・サモーラを首班とする第二共和国臨時政府を組織した。臨時政府には中道派から左派まで幅広い勢力が結集し、新憲法の制定と本格的な改革が目指された。同日にバルセローナでは、カタルーニャ政治に主導権を得たERC（カタルーニャ共和主義左翼）のマシアーが「イベリア連邦の中でのカタルーニャ共和国」樹立を宣言したが、臨時政府との協議の末に、四県区分廃止とカタルーニャ自治政府設置で妥協し、自治憲章制定が約された。しかし臨時政府は、直ちに都市民衆の反教権主義的暴動に直面することになる。全国で一〇〇以上の修道院などの宗教施設が焼き討ちにあい、政府の消極的対応に右派・保守派は反感を募らせた。

同年六月に憲法制定議会選挙が行なわれ、共和主義者と社会主義者が過半数を占めた。第二共和国は「知識人の共和国」と称されたように、アサーニャ、フェルナンド・デ・ロス・リオスなど当時の代表的な学者・文化人が政府要人となり、右派・保守派にも一定配慮した新たな国家づくりではなく、スペインの近代化と世俗化を理念とする「上からの政策」に着手した。理念の先行する共和主義の熱狂に対し、伝統的カトリック民衆の反発は必至だった。

同年一二月に国会で可決された新憲法は、非常に民主的かつ進歩的な性格をもち、スペインは「あらゆる階層の勤労者の共和国」と定義されて、人民の意志が強調された。一院制議会、男女普通選挙、責任内閣制などが導入され、カタルーニャなどを念頭に「自治地域」の設置を可能にした。新憲法には完全な政教分離に加えて、「反国家的」な修道会の解散・財産没収などが盛り込まれた。しかも「文化は本質的に国家の領分である」と規定されて、公教育は国家が担うものとされた。離婚や非教会婚の承認や学校教育世俗化の方針は、カトリック教会とその影響下にあった民衆にとって受け入れ難かった。「スペインはカトリックではなくなった」と自賛するアサーニャら左派共和主義者には、伝統的心性にも配慮して改革を進めるという政治家としての資質が欠けていた。

8-1 第二共和政の寓意画(1931 年発行のポスター).「ラ・ニーニャ・ボニータ(可愛い娘)」が共和国国旗(三色旗)と秤(正義の象徴)をもっている

アサーニャ政権の失敗

共和主義右派のアルカラ・サモーラが初代大統領となり、政権はアサーニャの手に委ねられた。共和主義左派と社会労働党との連立内閣で、共和主義右派はこれに参加しなかった。一九三三年九月のアサーニャ辞任までは、「改革の二年間」と呼ばれるように、そのイニシアティヴで諸改革が行なわれたが、右派の反発と左派の失望が広がった時代であった。

共和主義者は教育改革を重視した。非宗教的な教育を促進するために、一九三二年末までに一万の初等教育学校が創られたが、必要とされる二万七〇〇〇校には程遠かった。直ちに着手された男女共学や宗教教育の排除は、教会や保守層の反発を招いた。公立学校では教室から十字架が取り外されたことに反発して、子供たちが十字架を押し戴いて登校する学校もあった。

軍制改革に関しては、異常な数の士官を減らすために「士官退職法」を定めたが、退職する士官は少なかった。アフリカ派の軍人を中心に、軍の伝統への介入に反発する声が高まった。一九三二年八月のサンフルホ将軍のクーデタ（スローガンは地域分離主義や反カトリックへの抗議）は失敗したが、軍隊内では共和政への反対がかなりの広がりを見せていた。

右派クーデタに危機感を抱いたアサーニャは、後述の農地問題に加えてカタルーニャ問題の解決を急ぎ、共和主義者と社会主義者の政権支持を確かなものにしようとした。一九三二年九月に「カタルーニャ自治憲章」を国会で可決し、マシアーが初代自治政府首班に就任した。

労使関係に関しては労働大臣ラルゴ・カバリェーロを中心に、労働者保護の立法が次々と制定され、「労使混合委員会法」がつくられた。しかし雇用主団体は「全国経済同盟」を結成し、労働者側の攻勢に抵抗した。

社会主義者が力を注いだのは農地改革であった。一九三〇年の全就業人口の四六％を農林漁業従事者が占め、日雇い農民だけで一七％に上っていた。とくにスペイン南部では、農地の半分以上が少数の大土地所有者の手にあって、日雇い農民は一年の大半を失業問題に苦しんでいたのである。一九三二年九月に、大所有地を収用し日雇い農民に分配することを意図した「農地改革法」が成立した。しかし予算不足と土地所有者の反発からその実効性は薄く、三三年末までに恩恵を受けたのは約四三〇〇人に過ぎなかった。アサーニャ政権は、大土地所有者からの反発だけでなく、改革に期待していた農民層の失望をも受けることになった。

アナーキストたちは農民を直接行動に駆り立てて、騒擾が頻発した。一九三三年一月にカディス県のカサス・ビエハス村では、無政府共産主義を唱える農民たちが、治安警察兵舎を攻撃した。この蜂起は治安警察（伝統的に農村の治安を担った）と突撃警察（共和国への忠誠と治安維持のために創設）の両者によって鎮圧され、二二人の農民が殺害された。これを契機に社会主義者は急進化し、当初は共和国を支持していた労働者も政府への批判を強めた。三三年九月、治安悪化の責任をとる形でアサーニャは辞任した。

左右への政治の分極化

一九三三年一一月に総選挙が実施された。アサーニャの下で進められた反カトリック改革に対抗して、カトリック組織は熱心な選挙キャンペーンを行なった。結果は右派の連合組織CEDA（スペイン独立右翼連合）の勝利となった。CEDAが第一党（一一五議席）、中道の急進党が第二党（一〇二議席）となり、PSOEは第三党（六四議席）となって議席を半減させた。また、ファシスト政党ファランヘが二議席、左派の共産党が一議席を獲得したことは、左右への分極化の兆しを示している。

プリモ・デ・リベーラの息子ホセ・アントニオが結成したファランヘは、一九三四年にはJONS（国民サンディカリスト攻撃団）と合併してさらに勢力を伸ばした。なおファランヘは、一九三七年四月に結成される「新ファランヘ」の中軸となる（後述）。

同年一二月、CEDAの後押しを受けて急進党のレルーが組閣し、教育の世俗化や農地改革の見直し、宗教予算の復活など、これまでの改革政策を修正した。この時期から一九三六年二月までを「暗黒の二年間」と呼ぶのは、急進的改革を行なおうとした「アサーニャの二年間」への過大な評価の裏返しである。少なくとも急進党内閣は、議会政治の枠内で中道路線を維持しようとしていた。

政権を離れた左派は急進化し、右派の寄せ集めであるCEDAをファシスト政党と見なして攻撃した。一九三四年一〇月、レルーの新内閣にCEDAメンバー三名が入閣すると、PSOEは政府に対する反乱を指令した。マドリード、バルセローナなどで労働者蜂起が起こったが、短期間で鎮圧された。例外はアストゥリアスで、鉱山労働者の組織的抵抗で「コミューン」が形成されたものの、約二週間で軍隊によって鎮圧された。カタルーニャでは、自治政府首班クンパニィスが「スペイン共和国内カタルーニャ国」を宣言したが、逮捕・投獄されて、自治権は三六年まで停止された。

こうして、三万人以上の逮捕者を出した「一〇月革命」は、議会政治を揺るがし、中道政治の道を塞ぐ結果となった。しかも疑獄事件で急進党の勢力が衰えると、CEDAの政権内での発言力は圧倒的となった。左右両派の主張は過激化し、街頭での対立も繰り返された。

人民戦線の勝利とクーデタ

一九三六年二月、スペイン政治が左右の二極に分裂するなかで総選挙が実施された。あらかじめ左派諸勢力(PSOE、共産党、中道左派の共和派など)は「人民戦線協定」を締結していた。イタリアに続いてドイツでもナチス政権(一九三三年〜)が成立していた三〇年代半ば、ファシズムの脅威への対抗は、ヨーロッパ諸国左翼勢力の共通目標となっていた。この選挙協定には、改革諸法の再適用、カタルーニャ自治権の復活などに加えて、「一〇月革命」政治犯の釈放が含まれており、アナーキストも棄権に回らなかった。七二%の投票率で、得票数では人民戦線側四七〇万票、中道五二万票、右派四五〇万票と、左派と右派の差はわずかであったことに注意したい。しかし選挙連合に有利な選挙制度(大選挙区制限連記制)のために、議席数では四七三議席中二六三議席と人民戦線が過半数を得た。

再びアサーニャが組閣し、ラジオ演説で、平和と正義の再構築を願うと国民に訴えたが、議会政治の安定はもはや不可能であった。四月にアルカラ・サモーラ大統領が解任され、五月にはアサーニャが大統領に選出されたが、新首相の任命にも困難を来した。

この間、治安の悪化は深刻化し、左派勢力はストライキや農村部での土地占拠を繰り返し、右派勢力も暴力活動で応えた。この年の一月から七月の間に四〇〇人もの政治家が暗殺されている。過激な若者を惹きつけていたファランへは非合法化され、党首ホセ・アントニオは逮捕・投獄された。政府はクーデタ抑止のために、右派有力軍人を地方に左遷させていたが、軍内部の右派勢力はクーデタ計画を密かに進行させた。七月一三日、右派の大物政治家カルボ＝ソテーロが暗殺されたのをきっかけに、七月一七日、反乱がモロッコのスペイン保護領で開始され、その翌日にはスペイン全土に拡大した。

4 スペイン内戦

内戦と国外からの支援

反乱軍は、各地の部隊が一斉に蜂起して共和国政府が瓦解すると考えていたが、共和国支持に回った軍人たちも多かった。内戦勃発時に、兵員数では共和国陣営が一三万人強、反乱軍は一七万人であったとされる。また、首相となったヒラルが左派・労働者組織の要請に応じて武器供与を決断し、こうして組織された政治民兵隊が各地の軍事反乱に抵抗した。反乱軍の目論見は外れ、七月末までに手中に収めた地域は全土の三分の一で、戦争の長期化が予想された。

市民が武器をもってファシズムに挑むイメージから「スペイン市民戦争」という用語が好まれたり、武器を手にしたアナルコサンディカリストが社会革命を一挙に推進しようとしたことから「ス

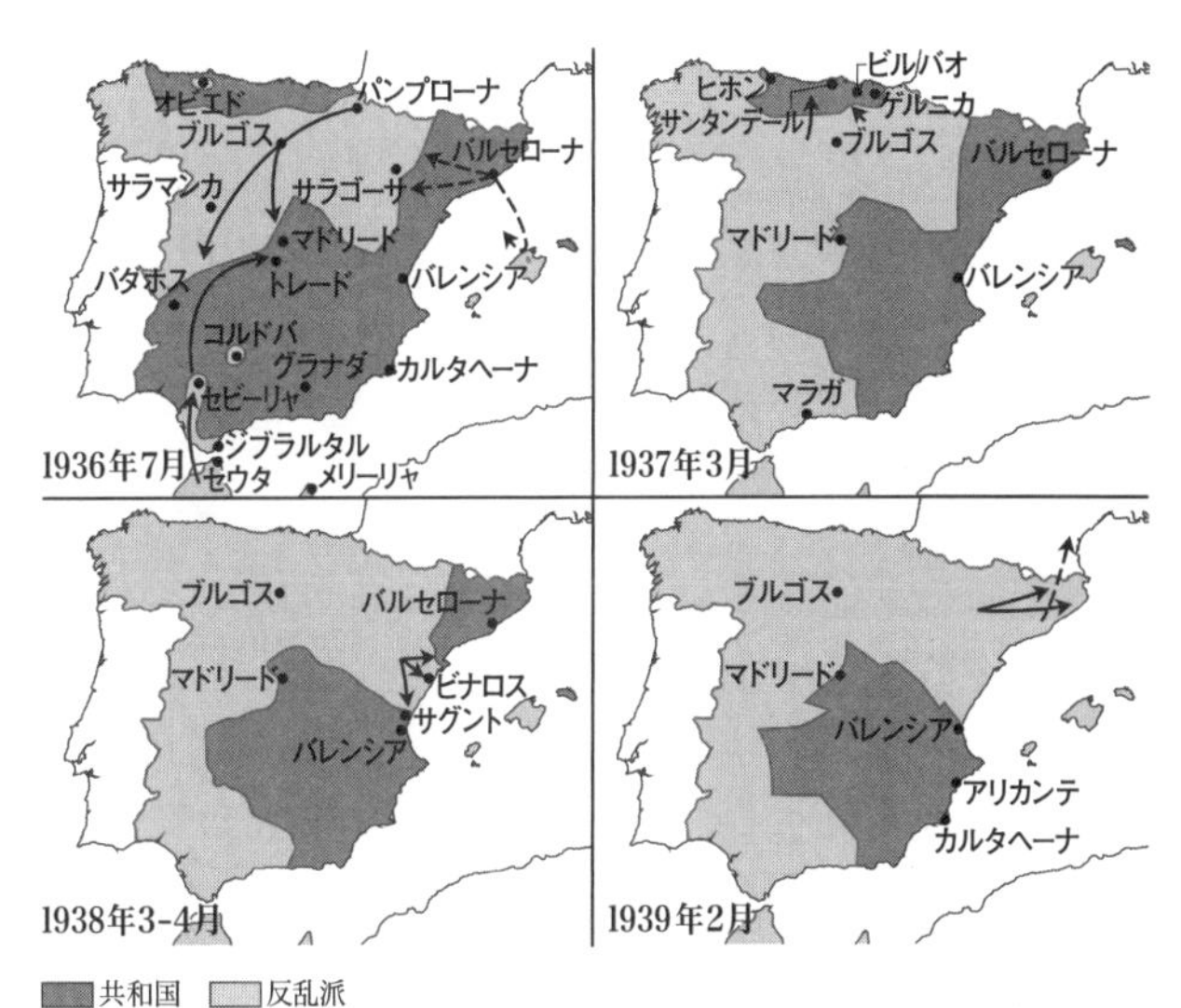

8-2　スペイン内戦の経過

ペイン革命」の用語が用いられたりもしたが、戦争そのものは、共和国陣営と新国家樹立を目論む反乱軍陣営との悲惨な「内戦(ゲーラ・シビル)」であった。

一九三九年三月末までの内戦中に五〇万人近くの犠牲者(戦闘、弾圧、銃後の苦難)が生じたと推計されるが、両陣営ともに支配地域内での反対派や異論者への弾圧が凄まじかったことに注目したい。内戦初期には「パセオ」(散歩)と呼ばれる、恣意的逮捕と郊外での銃殺行為が横行した。詩人ガルシア・ロルカのグラナダでの治安警察による殺害はあまりに有名だが、右派の詩人イノホーサはアナーキスト民兵隊によってマラガで銃殺されている。マドリードやバルセローナでも、非合法刑務所(チェカ)での政治犯拷問が行なわれ、「サカ」(引きずり出し)後に処刑が行なわれていた。クーデタへの反発と積年の恨みが重なったとはいえ、六八〇〇人以上の聖職者をテロの犠牲にしたことは、反乱軍陣営に「聖戦」の大義を与えることになった。内戦終結後も続いたパセオやサカを含めた反乱軍陣営による組織的・体系的弾圧を免罪することはできないが、共和国陣営での武器を手にした民兵隊による愚行も「内戦」の事実だった。

内戦が反乱軍陣営に有利に展開した最大の要因は、紛争が国際戦争へ発展することを懸念したイギリスとフランスが不干渉政策を唱えてヨーロッパ二七カ国の不干渉委員会を成立させたものの、武器禁輸の協定に反してドイツとイタリアが公然と反乱軍を支援したことであった。共和国政府は合法政府であるにもかかわらず、「不干渉という茶番劇」のために外国から武器購入ができなかった。ドイツの対外膨張を警戒するソ連だけが大量の援助を行なった。これはスペイン銀行保有の金と引き換えにであった。ソ連の関与は、共和国陣営内部での共産党の主導権確立に利することになる。

共和国陣営には、コミンテルン(一九一九年にモスクワで創設された国際共産主義組織)の呼びかけに応じて、反ファシズムの戦いに共鳴する人びとが国際旅団の義勇兵としてやってきた。そのなかにはヘミングウェイ、マルロー、オーウェルらも含まれていた。約四万人とされる義勇兵のうち三分の一近くがスペインの戦場で命を落としたとされる。マドリード攻防戦をはじめ、その英雄的行為は、共和国の正統性を世界に訴えるのに資したが、戦局の悪化した一九三八年末、国際旅団は解散した。のちにスペイン政府は、二〇〇七年の「歴史的記憶法」(第10講参照)に基づいて、元義勇兵たちにスペインのパスポートを与えてその栄誉を称えている。

内戦の展開

一気に共和国を瓦解させることに失敗した反乱軍は、首都マドリードの奪取を目指して、一九三六年一〇月に空爆を含む総攻撃をかけたが失敗した。「奴らを通すな!」の標語が共和国側に生まれたのはこのときだった。戦争の長期化が確実になり、共和国政府はバレンシアに移転して、マドリードは防衛評議会のもとに置かれた。

反乱軍は進攻の目標を北部工業地帯に切り替えて、一九三七年三月にバスク攻撃を開始した。四月二六日、ドイツのコンドル兵団が行なったバスクの町ゲルニカへの無差別爆撃は人びとを震撼させた。ゲルニカにあるオークの木の下で歴代領主は地方特権尊重を誓約したことから、この町はバスクの聖都とされていた。ピカソ(一八八一～一九七三)がその怒りを絵画「ゲルニカ」に表現したことはあまりにも有名である。8-3はその部分であるが、子の屍を抱く女性はまさにゲ

8-3 ピカソ「ゲルニカ」(部分, 1937年, ソフィア王妃芸術センター)

ルニカ爆撃の被害者を表しているとされる。ちなみにニューヨーク近代美術館に保管されていた「ゲルニカ」のスペイン帰還は、民主化後の一九八一年九月であった。

一九三七年一〇月末には北部を完全にその支配下に置いた反乱軍に対抗するために、ネグリン政府(同年五月に政権樹立)は一二月に東部の都市テルエルを攻撃し、反転攻勢を図った。この市街戦に勝利したものの、一九三八年二月にはテルエルは反乱軍に奪回された。そして四月、反乱軍は地中海に到達し、マドリード以外に残る共和国地域はバレンシアとバルセローナに二分され、共和国政府は一〇月にバルセローナに移転した。反乱派では一九三六年一〇月にフランコが全権を掌握し、翌一一月に独伊が反乱派政府を承認しており、翌年一一月には、イギリスが反乱派政府との通商関係を取り決めた。同月には日本も反乱派政府を承認した。

一九三八年五月にネグリンは「一三カ条の原則」を発表して、民主的な選挙と共和国の存続を打ち出すが、反乱派政府には無視された。ネグリン政府は、同年七月、最後の攻勢をエブロ川攻略にかけたが、七万人の戦死者を出して失敗した。一二月、反乱軍によるカタルーニャ総攻撃が始まり、一九三九年一月、バルセローナが陥落した。二月には、英仏もフランコ政権を承認し、大統領アサーニャは亡命先のフランスで辞任した。三月二八日、反乱軍はマドリードに入城し、四月一日、フランコは、「アカの軍隊」を排除して「戦争は終わった」と宣言した。

内戦が勃発すると、共和国政府の統制を離れたアナルコサンディカリストは、工場の自主管理を進め、農村部での集産化を行なった。たしかに一部では無政府共産主義的な「コミューン」が成立したが、それは戦時下のユートピアであった。社会革命を一気に推し進めようとする動きは、中産市民や小農民にとって大きな脅威となった。

共和国陣営と社会革命

アナーキストの革命理念が、反乱軍との戦争勝利のために社会秩序再建を優先する路線と対立するのは不可避であった。一九三七年五月、カタルーニャでは「内戦中の内戦」とされるバルセローナ五月事件が起こった。共産党、社会労働党右派、そして共和主義諸政党と、革命実現を優先するPOUM(反スターリンの共産党)、CNT、社会労働党左派との対立はすでに先鋭化していたが、この武力衝突で五〇〇名近い死者が出た。結果、POUMは非合法化され、農業や工場の集産化は押しとどめられた。

一九三七年五月には親ソ派のネグリンが組閣したが、社会労働党左派もアナーキストも入閣しなかった。ネグリンは、プリエトを国防大臣に任命して、共産党以外の支持も得て戦争を有利に導こうとしたが、それは不可能だった。三八年五月、ネグリンは自らが国防大臣を兼務して、戦争勝利は無理でも妥協的平和実現の道を探ろうとした。しかし同年九月、英仏はミュンヘン会談で対独融和政策の継続を決め、スペイン共和国の国際的孤立は明白となった。

いまや戦争継続を唱えるのは共産党だけとなり、共和国陣営の敗北は不可避となった。マドリードでは、共産党を排除したカサード将軍の防衛評議会が、反乱軍側による報復なき戦争終結を目指したが、一九三九年三月末に無条件降伏を受け入れた。フランコは、すでに同年二月に「政治責任法」を公布して、三四年一〇月以後に共和国支持で政治に関与したすべての者を訴追する用意をしていた。

8-4　反乱軍側のポスター(1937年). 反乱を「十字軍」と称えている

内戦勃発直後には教会焼き討ちなどで多くの文化財が失われた。これに対して共和国政府は「芸術作品保護評議会」を設立して、文化財保護に尽力した。マドリードに対する無差別攻撃が激しさを増すと、破壊を恐れてプラド美術館の主要作品（ベラスケス「女官たち」を含む）は梱包されてバレンシアへ移され、最後にはジュネーヴに送られた。内戦終了後に作品群はフランコ政権に返還されてプラド美術館に戻ったが、この事実は長らく隠蔽されていた。

反乱軍陣営の新国家建設

反乱勃発時には何人かの有力者が競っていたが、不慮の死を遂げるなどして、フランコ将軍が反乱軍を指揮する体制を整えるに至った。フランコは一九三六年九月に陸海空三軍の総司令官となり、一〇月には国家元首となって反乱軍陣営の全権を掌握した。さらに三七年四月には、右派諸勢力を糾合して単一政党「伝統主義とＪＯＮＳのスペイン・ファランヘ」（以下、「新ファランヘ」と記す）を創設し、フランコは新ファランヘ党首にもなった。この新ファランヘにはファシストからカルリスタまで様々な勢力が加わっていたが、共和国政府打倒と「新国家」建設で一致していた。ここに、個人としてのフランコを頂点とした権力の一元化、つまり独裁体制が実現した。

一九三八年三月に「労働憲章」が制定されたが、これは基本的にムッソリーニが一九二七年に制定した「労働憲章」に倣ったものだった。「新国家」はコーポラティズム的組織として編成されると謳う一方で、「カトリック的伝統」すなわちナショナル・カトリシズムを国家の基本方針とした。

反乱軍政府は共和国時代に行なわれた非カトリック化の政策を一八〇度転換した。スペイン・カトリック教会は、一九三七年一月の司教団教書で、無神論・共産主義から祖国を救う「十字軍」として反乱軍への全面的支援を表明し、人びとの再カトリック化を目指した。三九年四月、ローマ教皇ピウス一二世は、「カトリックの勝利」としてフランコの戦争終結宣言を祝福した。これに応えてフランコは、「宗教、祖国、キリスト教文明の敵」を打ち負かしたことを改めて誇った。

第9講
フランコの独裁体制
1939年〜1975年

「戦没者の谷十字架教会」と上に聳え立つ巨大な十字架

1939	政治責任法制定
1940	組合統一法制定，労資一体の「垂直組合」に統合
	フリーメーソン・共産主義弾圧法制定
1942	コルテス(国会)設置法制定
1945	国民憲章公布
	国民投票法公布
1946	国連総会でスペイン排斥決議(～1950)
1947	国家元首継承法公布
1948	共産党，武装闘争放棄を決定
1953	ヴァティカンと政教協約調印
	アメリカ合衆国への基地貸与開始
1955	国連に加盟
1957	オプス・デイのテクノクラートの入閣
	フランコ，モロッコ独立を承認
1958	国民運動原則法制定
	IMF(国際通貨基金)に加盟
1959	「戦没者の谷十字架教会」落成
	ETA(バスクと自由)結成
1962	「ヨーロッパ運動」ミュンヘン大会に反体制派勢力が参加
1964	経済・社会発展計画(第1次：～1967，第2次：1968～1971，第3次：1972～1975)
1967	国家組織法公布
1968	ETAのテロ活動で初の死者
1969	フランコ，フアン・カルロス王子を国家元首後継者に指名
1973	国家元首と首相を分離．国家元首フランコ，首相カレーロ・ブランコ
	カレーロ・ブランコ首相，ETAにより爆殺
1974	アリアス・ナバーロ内閣発足
1975	テロリスト取締法制定
	フランコ死去，フアン・カルロス1世即位

1　フランコ独裁体制の成立

内戦勝利者による抑圧

三年間にわたる内戦により、スペイン社会は分断され疲弊していた。しかしフランコ政権は、もっぱら勝者の政治体制の構築に尽力し、敗者は抑圧の対象とみなした。内戦中の政治責任を追及する政治責任法(一九三九年)、フリーメーソン・共産主義弾圧法(一九四〇年)などの対象とされて、五万を超える人びとが戦後の五年間に政治犯として処刑されたと推計される。しかも、共和国に加担した人びとへの弾圧・差別は長らく続いた。公務員や小学校教員の解雇・粛清にとどまらず、公衆の面前でのリンチなどが見せしめとして行なわれた。内戦中と戦後の凄まじい抑圧を証言する声が公然と上がるのは二一世紀に入ってからである(二〇〇七年に「歴史的記憶法」が成立。第10講参照)。

「新国家」を建設するうえで、まずは「総統は神と歴史にのみ責任をもつ」(一九三九年、単一政党新ファランへの党規約)と宣言し、フランコの独裁者としての地位を確立した。フランコは国家元首かつ陸海空軍総司令官で、新ファランへの党首でもあり、国家評議会の議長も務めた。四二年の「コルテス(国会)設置法」で、コルテスは職能団体代表からなる「有機体的議会」であるとされ、普通選挙は否定された。

9-1　内戦後初の「勝利の軍事パレード」で観覧台に立つフランコ（1939年5月19日）

9-2　フランコとヒトラーの会談（フランスのスペインとの国境沿いの町アンダイエにて，1940年10月22日）

新ファランヘは、イタリアやドイツのファシスト政党がもつ体系的イデオロギーや大衆的基盤を欠いたが、青少年組織や女性組織などの系列団体を通じてフランコ体制に奉仕する人材育成に努め、国家と社会のパイプ役となった。

労資関係については、一九四〇年に組合統一法を制定して、「垂直組合」を産業別組合として組織し、階級対立の解消を謳った。これはイタリア・ファシズムのコーポラティズムの影響を受けていた。また四一年には国家産業公社（ＩＮＩ）を設立し、軍需関連産業を中心に投資を行なったが、これもイタリア産業復興公社（ＩＲＩ）を模倣したものだった。

一九三九年九月に第二次大戦が始まると、防共協定に参加して枢軸側に立ったフランコ体制だが、内戦での国土疲弊のために参戦の余裕はなく中立を宣言した。しかし枢軸側の優勢が続くと「非交戦国宣言」を行なって、ドイツ・イタリアへの協力を強め、四一年に独ソ戦が始まると義勇兵団「青い師団」を対ソ戦線に送った。だが連合国側が優位になると、フランコはファシズム色を薄めて、四三年一〇月、中立に復帰した。

フランコ体制は、軍隊、新ファランヘ、教会を三つの柱に、さまざまな「党閥」に依拠していたが、改めて伝統的・保守的カトリック教会との関係を重視していく。体制イデオロギーの支柱として「ナショナル・カトリシズム」を標榜し、とくに教育制度においてカトリシズムは基本原理となった。教室にはフランコ総統の肖像画に加えて、十字架と聖母マリアの肖像画を飾ることが義務とされていた。

国際的孤立

一九四五年五月にドイツが敗北すると、フランコはファシズム色の払拭を急いで、同年七月には「国民憲章」を定め、法の前での平等や一定の自由を保障した。新ファランヘが「国民運動」と呼ばれるようになったのもこの頃であり、露骨なファシズム的礼式やシンボルが廃止された。しかし四六年二月の国連総会はフランコ政権非難の決議を行ない、同年一二月には各国大使の召還を勧告し、国連機関からのスペイン排除を決議した。

国連総会決議は反体制運動を勢いづかせ、王政復古を企てるアルフォンソ一三世の子ドン・ファンの動きを活発化させた。しかしフランコは、一九四七年七月に国家元首継承法を国民投票によって成立させ、スペインが王国であると規定したうえで、フランコは終身の摂政として国を治めることになった。継承法の成立でフランコは、王政復古の可能性を残すことで王党派を懐柔し、継承者指名権も手に入れた。

国際的圧力に鼓舞されて、密かに国内に留まっていた共産党、CNTなどのグループはゲリラ闘争を展開し、南フランスから国境を越える武装グループ(マキ)もいた。しかし厳しい弾圧体制のもとで、内戦に疲弊した住民の共感を勝ち取ることは難しかった。共産党は一九四八年にゲリラ戦術を放棄した。

国連総会決議後もスペインに留まった大使はポルトガルやアルゼンチンに限られて、スペインの国際的孤立が強まったが、フランコは外からの圧力を逆手にとって体制固めに利用した。一九四六年一二月、マドリード王宮前のオリエンテ広場で一〇〇万人集会を開いて、外国の干渉に反発する人びとにスペイン・ナショナリズムを煽った。内戦に勝利したスペインが、「ユダヤ・フリーメーソン・マルクス主義者」の国際的陰謀に負けて「自由と主権を脅かされて」はならないのだった。

アウタルキーア体制

国際的孤立を強いられたフランコ体制は、アウタルキーア(自己充足的経済)政策を採用した。スペインは資源豊かな国であり、国家がしっかりと管理を行なえば自給自足が可能になると考えた素朴な経済ナショナリズムの結果であった。しかし、人口も資源も市場も限られたスペインに、この政策は無謀でしかなかった。

アウタルキーア政策の基本は、一つには輸入と輸出の規制であった。金と外貨準備高の不足から貿易の制限が図られたが、石油などの輸入が不可欠な産品は大きく値上がりし、生活必需品の不足が顕著となった。国家は市場に直接に介入して価格統制を行なったが、生産者が産品を隠蔽して闇市で販売したのは必然であった。小麦のほぼ半分が闇市に流れ、闇価格は公定価格の二倍から三倍となった。貧しい庶民はかろうじて配給クーポンに縋(すが)っており、食料配給制度は一九五二年まで続いた。

政策の基本のもう一つは産業の振興で、「新国家」の軍事的・政治的自立に必要な分野が優先された。資本財産業の推進は図られたものの、公的援助が継続的に必要とされ、公共支出は大幅に増えた。公共事業投資や国家産業公社による投資で産業基盤整備が進んだのは間違いないが、深刻なインフレーションを招いた。

この結果、ヨーロッパ諸国が第二次大戦からの復興を一九四〇年代後半には実現したのに対し、スペイン経済は内戦以前の状態に戻るのに約二〇年を要した。一人当たり国内総生産でみると、三四年のレベルに回復したのは五四年のことであった。

2　国際社会への復帰と反共の砦へ

冷戦の進行とフランコ体制

スペインの国際的孤立は、東西冷戦という国際社会の変化によって、徐々に弱まった。NATO（北大西洋条約機構）への加盟は認められず、西側諸国の復興の原動力となったマーシャル・プランの恩恵を受けることもなかったが、その地政学的位置（大陸と大洋の四つ辻）は西側諸国にとって戦略的に重要であった。一九四八年にソ連がベルリン封鎖を行ない、翌年に原爆実験に成功すると、「反ファシズム」から「反共主義」へとシフトした西側諸国は、「西側諸国の歩哨」と喧伝するフランコ体制を受け入れざるを得なかった。

一九五〇年一一月、国連総会でスペイン排斥決議が撤回されたが、内戦で共和国陣営を支持したソ連とメキシコなどが撤回に反対した。社会変革を進めていたカルデナス政権下のメキシコはスペイン内戦で共和国を支持し、内戦終結後には約一万人の亡命者を受け入れていた。その後スペインはFAO（国連食糧農業機関）、UNESCO（国連教育科学文化機関）などの国際機関への加盟が認められ、五五年に国連への加盟が認められた。

先立つ一九五三年には二つの重要な外交的成果があった。一つには、教皇庁と政教協約を新たに締結して、カトリック教会との結びつきをさらに確かなものにしたことである。スペインは司教任命権でヴァティカンに譲歩したが、教皇庁はフランコ独裁政権下のスペインが正統な国家であることを内外に対して公認した。ヴァティカンが政治的自由や人権に敏感になるのは六〇年代に入ってからである。

もう一つには、アメリカ合衆国と軍事協定を結んだことである。スペインは国家領土内の軍事基地貸与と引き換えに、アメリカからの軍事的・経済的支援を受けた。「相互防衛の支援」と謳いつつもアメリカはスペインに明確な防衛義務を有しなかったが、五億ドル以上の供与を得ることでスペインは食糧事情を改善し、石油輸入も可能にした。

この経済的支援はアウタルキーア政策を延命させることにもなったが、一九五〇年代後半になると、経済の中心は農業から工業へと移行し、農村から都市への人口移動も始まった。GDPに占める第一次産業部門の割合は、四〇年の三二%が五五年には二一%に低下し、第二次産業部門は二八%から三八%へと上昇した。就業者数も第一次産業部門は五二%から四六%へと低下し、第二次産業部門は二四%から二八%へと上昇した。国家による過度の統制と介入は経済発展にとって桎梏となり、資本の側は経済的自由化を政府に要求するようになった。インフレが昂進し賃上げ要求のストライキが頻発する中で、労働条件の決定は労資の協議に委ねるべきだという声も高まった。

一九五七年、フランコは内閣改造を行ない、カトリック団体オプス・デイ(神の業)の関係者を大臣として入閣させた。オプス・デイは思想の上では保守十全主義を継承していたが、効率や技術を重視して、経済と行政の合理的運営を主張した。政財界や高等教育に浸透し、多くの大学教員や官僚も擁していた。フランコ体制は、新ファランへの唱えた国家介入主義から脱却して、オプス・デイのテクノクラートによる経済自由化政策へと向かうことになった。

反体制運動の質的変化

一九五〇年代に入ってフランコ政権が国際的に認知されると、国連や国際的圧力に期待した反体制運動は展望を失った。一九四〇年以来メキシコに置かれた共和国亡命政府は、スペイン国内になんの影響も与えなかったし、国内での武装闘争も放棄された。

フランコ体制の安定を象徴したのは、内戦終結直後から二万人もの共和国政治犯を建設労働に駆り出してエル・エスコリアルの北東約一〇キロの谷あいに造った世界最大級のバシリカ「戦没者の谷十字架教会」の完成である。その完成式典は、内戦勝利二〇周年として五九年四月一日に催された。ちなみに、七五年一一月にフランコが埋葬されたのは、このバシリカ内陣前に設けられたファランへ創設者ホセ・アントニオの墓の隣であった。

しかし内戦終了から一〇年以上が経過しても、市民生活はきわめて苦しかった。一九五一年、バルセローナでは市街電車の運賃値上げへの市民の反発からゼネストが広がり、市長更迭に至った。同じ頃、バスクでは賃上げを求める工場労働者のストライキが頻発していた。五六年にはマドリード大学の学生たちが学生組合(SEU)民主化の声を上げた。フランコ体制内には、要職を占めつつも社会の分断を憂慮する「包摂派」と呼ばれる人びとがいたが、その筆頭であった教育大臣ルイス・ヒメネスはこの騒擾の責任を問われて罷免され、古参ファランヘ党員リドルエホらも逮捕された。この事件で逮捕・投獄された学生の中には、やがて反体制運動を支える知識人になっていく者がいた。その一人が経済学者となるラモン・タマメスであった。

この頃から戦後の若い世代が、労働運動に関わるようになった。弱体化したCNTやUGTは垂直組合とは距離を置いていたが、非合法下のスペイン共産党は一九五六年に平和的手段による独裁打倒を柱として「国民和解」路線を採択し、垂直組合に積極的に参加した。垂直組合指導部を握って賃金交渉やストライキを実行するために各地でCCOO（労働者委員会）がつくられ、共産党活動家はこの組織の恒常化に努めた。しかし五九年に共産党の呼びかけた反独裁ゼネストは時期尚早で、運動指導者は根こそぎ逮捕された。

ラテンアメリカ、ジブラルタル、モロッコ

フランコは、反共主義を基軸にしつつ対外関係を国内政治安定のために利用した。ラテンアメリカ諸国との関係では、スペイン語とカトリックという文化的共通点を強調して、一九四〇年にはイスパニダー協議会を創設した（一九四五年にイスパニア文化協会に改組）。内戦を経て国力の乏しいスペインにはラテンアメリカ諸国との政治経済関係強化を望むべくもなかったが、こうした文化的一体性の強調は両者の間の外交関係の強化につながった。アルゼンチンやペルーは一九四六年の国連の排斥決議に反対し、アルゼンチンは同年の通商協定に従って七〇万トンの小麦をスペインに輸出した。アラブ諸国に対しても、

石油確保とスペイン領モロッコ保持を念頭に親アラブ政策を採った。アラブ諸国のソ連への接近で関係は微妙になったが、フランコは最後までイスラエルを承認しなかった。

一方、エリザベス女王のジブラルタル訪問に強く抗議し、一九五七年には返還を求めて国連非植民地化委員会に提訴した。ジブラルタル問題はスペイン人の愛国的感情を高めたが、イギリスが一七〇四年に手に入れた戦略的要地を手放すことはなかった。ジブラルタルを争点化することはモロッコに飛び地を抱えるスペインの立場と矛盾すると言えるが、その領有権問題は対イギリス関係の棘として現在も残っている。

第二次大戦後、世界的な脱植民地化の流れのなかで、一九三〇年代から徐々に起こっていたモロッコの独立運動も一挙に激しさを増した。インドシナの維持に苦しみ、モロッコ保護領でもゲリラ闘争が始まって、五六年三月にフランスはモロッコ独立を承認するに至った。スペインだけではモロッコ独立問題に対処することは困難であり、結局、翌四月にスペインは、セウタとメリーリャ、イフニの飛び地を除いてモロッコの領土返還に応じることになった。フランコを支えてきた「アフリカ派」軍人にとって、戦わずしてモロッコを放棄したことは衝撃だったが、四半世紀が経過して、残る内戦期の将軍たちは大きな政治的影響力を持ち得なかった。フランコがこの時点で植民地放棄を決断したことは、隣国ポルトガルを最後まで悩ましたアンゴラとモザンビークのような植民地問題からスペインを解放することになる。

なお、一九六九年にはイフニもモロッコに返還し、一七七八年から領有していた赤道ギニアも一九六八年に手放し、一八八四年から領有していた西サハラ(スペイン領サハラ)からは一九七五年に撤退した。現在スペインがアフリカにもつ領土はセウタとメリーリャに限られるが、モロッコはこれらの返還を要求している。また西サハラの帰属問題は、スペイン植民地主義が残した負の遺産といえる。当初はモロッコとモーリタニア、現地住民の主張が鋭く対立した。現在は、モロッコとサハラ・アラブ民主共和国(ポリサリオ戦線)の実効支配する地域に二分されているが、その解決にはほど遠い。

3　「経済の奇跡」から体制の終焉へ

経済成長の実現

一九五〇年代末には輸出入の不均衡は極限に達していた。五九年にスペインは、IMF(国際通貨基金)からの支援と引き換えに、同基金が提示した財政健全化、金融引き締め、貿易と資本の自由化をやむを得ず受け入れた。これらはテクノクラートの支持を得て「経済安定化計画」として実施されるが、それはアウタルキーア政策の完全な破綻を意味した。と同時に、スペインが西ヨーロッパの経済成長の波に乗ることを可能にした。

スペインは、一九六二年、六四年とEEC(ヨーロッパ経済共同体)への加盟を申請したが、民主主義国家ではないという理由で却下された。EC（六七年にEECから拡大したヨーロッパ共同体）への加盟は、民主化以後の八六年を待たねばならない。

安定化計画に続いてスペイン政府は、三次にわたる経済・社会発展計画（一九六四〜一九六七年、一九六八〜一九七一年、一九七二〜一九七五年）に着手した。これは、インフラストラクチャー整備、輸出産業の育成、工業化の遅れた地域での発展拠点・工業団地の創出などを意図した。これらの計画が工業化にどれほど寄与したかについては議論が分かれるが、六〇年代に外国資本の投資が増加して、スペイン経済は世界経済、とりわけ西ヨーロッパ経済との結びつきを強めるなかで急速に発展した。この時期スペインは、日本に次ぐ年率七・三％の「奇蹟の経済成長」を実現したとされる。

しかし高度成長は、輸出向け部門を除けば農業の近代化とは結びついていなかった。むしろなんの方策も採られず、エストレマドゥーラ、カスティーリャ、アンダルシーアの農村部からマドリード、バルセローナ、ビルバオといった諸都市への、さらには西ヨーロッパへの労働力移動が現出した。一九六二年のスペインの人口は約三〇〇〇万人だったが、六〇年代におよそ四五〇万人が居住地を変えたと推計される。

フランス、西ドイツ、スイスなどへの移民は、労働力人口の一割を超えたとされ、移民たちの本国への送金は、国際収支の改善に大きく寄与した。一九六〇年から七四年にかけての送金総額は七二億ドルを超え、これは貿易赤字の半分に相当した。

さらに国際収支の改善ばかりでなく国内経済の活性化にも貢献したのが、「観光ブーム」であった。経済発展で潤う西ヨーロッパ諸国からの旅行者は、外貨を持ち込んだのみならず、スペインの観光業や関連の建築業を大きく発展させた。一九六〇年に六〇〇万人であった観光客数は、六五年には一四〇〇万人に達して、スペインは観光立国となった。フランコ時代の観光キャンペーンで謳われたスローガン「スペインは〔ヨーロッパとは〕違う」は、闘牛とフラメンコを強調して、旅行者のエキゾチズムに訴えた。

こうしてスペインは、遅れた農業国を脱却してヨーロッパの中進国になった。一九六〇年には二三％であったGDPに占める第一次産業部門の割合は、七五年には一〇％に半減し、第二次産業部門は三七％から三九％へと上昇し、第三次産業部門は四〇％から五一％へと飛躍的に上昇した。就業者数も第一次産業部門は四二％から二二％へとほぼ半減し、第二次産業部門は三〇％から三五％に、第三次産業部門は二八％から四三％に大きく増加した。

9-3 「スペインは違う」(1960年代の観光ポスター)

カトリック教会とフランコ体制

一九六〇年代に入ると、フランコ体制の精神的支柱であったカトリック教会との関係も、世界のカトリック界の変化の中で、大きく変容した。四〇年代末から労働運動に共鳴するカトリック組織が現れ、六〇年代になるとHOAC(カトリックアクション労働者兄弟団)やJOC(カトリック労働青年団)は、共産党や左翼知識人との連帯も表明した。

こうした動きに高位聖職者たちは批判的であったが、一九六二年、ヨハネス二三世の主導で開かれた第二回ヴァティカン公会議は、カトリック教会は政治的自由や人権擁護に無関心であってはならないと表明した。この決定がスペインの高位聖職者に影響を与えるには時間がかかったが、「ナショナル・カトリシズム」の動揺は避けられなかった。次第にフランコ体制による人権抑圧への批判が高まり、七一年、スペインの司祭・司教合同会議では、内戦の敗者との和解に努力しなかったことの謝罪などを内容とする決議が過半数の支持を得た。

これに対してフランコ体制は、反体制的な動きを力によって封じ込めようとした。一九六二年四月にストライキがアストゥリアスから拡大し、HOACやJOCもこれに参加したが、政府は五月に北部全域に非常事態宣言を出して弾圧した。同年六月、「ヨーロッパ運動」(一九四八年にチャーチルらによって結成されたヨーロッパ統合を進める組織)がミュンヘン大会を開催すると、亡命中の社会労働党指導者から国内のキリスト教民主主義派まで、約一二〇人の反体制派の政治家や知識人がこれに参加して、スペインにおける民主主義復活の必要が異口同音に叫ばれた。政府はこれを「ミュンヘンの共謀事件」として非難し、弾圧を強化した。しかし参加者の三分の二が国内からであったことは、国内にも反体制派が育っていたことを証明している。

社会の変容

アウタルキーア体制が崩れ、経済自由化とツーリズムの波が押し寄せて、スペイン社会は一九六〇年代に大きく変容した。多様な中間層が生まれ、ラジオ、テレビ、自動車などの消費財が普及し、スペインも大衆消費社会へと入った。国産大衆車「SEAT 600」を持つことは、中間層にとってステイタス・シンボルであった。

西ヨーロッパ諸国からの観光客は、外貨と雇用機会をもたらしただけでなく、人びとが拠っていた体制的価値観を揺るがし、新たな心性を生みだす契機となった。人びとの日常的な教会通いが減り、カトリック教会はより開放的にならざるを得なかった。一九六〇年代後半には、中南米の「解放の神学」に通じるかたちで、下級聖職者による体制批判や労働運動支援の急進的言動が見られるようになった。

スペイン南部が長らくラティフンディオ（大土地所有）と日雇い農民の問題に苦しんできたことはこれまでにも触れてきたが、大量の離村が起こったために農民の賃金水準は押し上げられ、大経営はトラクターの導入や化学肥料導入などで近代化を進めた。結果、労働集約型の遅れた農業が減少し、農地改革は鋭い社会対立の課題ではなくなった。この間のアンダルシーアのある農村の変容は、以下のように証言されている（ロナルド・フレーザー『スペイン　タホス村繁盛記』平凡社、一九七五年、二二五―二二六頁より）。

「たとえば一九五七年には、トラックが二台、……タクシーが二台、モータースクーター一台で、自家用車はなかった。公共の交通機関はなくて、郵便はカサス・ヌエバスから毎晩ろばで運ばれてきた。テレビはなくて、裕福な人たちだけがラジオを持っていた。毎日売れる新聞の部数は、一〇部ちょっとにすぎなかった。

一四年たった今日（一九七一年）では、トラックは二〇台以上になり、近代的なタクシーが五台、九〇台近い自家用車があり、それにあの、やかましいオートバイがそこらじゅう走っている。……タイルの屋根にはテレビのアンテナがいろんな方向に林立し、毎日一二五部の新聞が売れている」。

「スペインは違う」の光景は明らかに薄れつつあった。人びとを「ナショナル・カトリシズム」で呪縛することはもはや不可能であった。

「フランコ亡きあとのフランコ体制」に向けて

一九六〇年代半ばになるとフランコ体制は、内戦の勝利と共和国支持者の弾圧では正統性を人びとに訴えることは難しいと覚った。内戦終結後二五年にあたる一九六四年の政権のキャンペーンは、「平和の二五年間」であった。しかし中間層の形成が進み大学生の数が増すにつれ、大学キャンパスでの反体制運動は活発化した。一九六八年の西ヨーロッパでの激しい学生運動は、スペインの学生たちにも少なからぬ影響を与えた。

待遇改善を求める労働運動も激しさを増したが、一九六七年二月、これに対抗するために最高裁判所はCCOOを非合法化した。CCOOは一〇月に民主化を求める全国統一行動を組織したが、弾圧された。労働者の意識は、経済闘争から反独裁へと進むまでの高まりを見せてはいなかった。

情報観光大臣となったフラガ・イリバルネは、思想の自由を求める要求に部分的に応えるために、一九六六年、事前検閲を廃止する出版法を公布したが、同時に、反体制的な出版物への高額な罰金と出版停止の制度を設けた。こうした措置にもかかわらず、体制に批判的な出版物の刊行は増え、一九六八年から一九六九年にかけては、一一八件の罰則と、七件の出版物押収が行なわれた。一九七一年に発刊した『カンビオ16』誌は、度々の事後検閲にもかかわらず、独裁を批判する世論形成に与った。

この時期にはカタルーニャ、バスク、ガリシアで、フランコ体制下で長く抑圧されていた地域言語・文化の復権を基調とする地域主義が高まりを見せ始め、とくに地域の下級聖職者がこれに同調した。カタルーニャでは、J・プジョルらが中心となって保守的カトリック的な地域ナショナリズムが影響力を増した。一九六六年にはバルセローナの一三〇人の司祭による独裁批判の示威運動が行なわれ、バスクの司祭もこれを支持した。

バスクでは、バスク・ナショナリスト党の路線に飽き足らない青年たちが一九五九年にETA（バスクと自由）を結成し、その中から植民地解放闘争の理念を打ち出して武力闘争に走る集団が現れた。一九六八年には治安警備隊員が殺害され、その後もETAの急進化・過激化は止まるところを知らなかった。これに影響を受けてガリシアでも、歴史的ガリシア主義とは異なる過激な運動が生まれたが、その活動は限られていた。

こうした中でフランコは、露骨な独裁体制から一定程度離れて、体制内部の多元性を認める方向に舵を切った。政治史研究者はこの多元性に注目して「権威主義体制」と呼ぶが、これにはフランコ自身の健康悪化と後継者確定の必要が絡んでいた。つまりフランコは、「フランコ亡きあとのフランコ体制」を模索せざるを得なかったのである。

一九六六年一二月、フランコは「国家組織法」を国民投票にかけて承認させ、翌年一月に公布した。国民投票実施は四七年の国家元首継承法以来のことで、二一歳以上の成人の八九%が投票し、九六%の賛成票を得たというのが公式発表だった。いずれにしろフランコは、この国民投票で彼の言う「有機体的民主主義」が正当性を得たと喧伝した。これを含む「七つの基本法」(国家組織法の他は、一九三八年の労働憲章、一九四二年のコルテス設置法、一九四五年の国民憲章、同年の国民投票法、一九四七年の国家元首継承法、五八年の国民運動原則法)が廃棄されるには、さらに一〇年を超える時の経過が必要だった(一九七八年、民主主義的憲法の公布)。

そして一九六九年七月にフランコは、自らが帝王学を施したと信じるファン・カルロス(アルフォンソ一三世の孫で、一九三八年にローマで生まれ、一九四八年からはスペインでフランコの庇護の下に育つ)を、正式に後継者として指名した。ファン・カルロスはコルテス(有機体的議会)で「神の名にお いて、国家元首フランコと国民運動原則法ほか基本諸法〔七つの基本法〕への忠誠」を誓った。フランコ体制は、その亡き後はブルボン家の王政として継続されることになったのである。しかしファン・カルロスは、一九七五年にフランコが死ぬと、スペインの民主化にきわめて重要な役割を果たすことになる（もっとも、後述するように晩節を汚してしまう）。

フアン・カルロスを後継者に指名したフランコは、一九六九年一二月の国民向けクリスマス・メッセージで「すべてがしっかりと結びついている」という有名な言葉を残している。しかし一九七五年一一月の死去までの六年間にフランコ体制は大きく揺らぎ、人びとはフランコが熱望したものとは異なる国民的紐帯を求めるようになっていった。一九五八年から毎年五月一日にマドリードのサンティアゴ・ベルナベウ・スタジアム（レアル・マドリードの本拠地）で「労働者聖ヨセフ」の祭りが開かれ、若者たちのマスゲームと地方の踊りにフランコ夫妻は興じたが、労働者と地方文化を糾合するとされたこの祝祭は根拠のない幻想に基づくものであった。

フランコ体制の終焉

一九六九年に発覚したスペイン北部繊維機械会社（MATESA）疑獄事件は、政財界の癒着を暴露して、権力を監視できない体制の腐敗を露呈した。七〇年のブルゴス裁判は、フランコ体制の抑圧的性格を国際社会に曝け出した。軍事法廷でETAメンバー六人に死刑判決が下ると、ヨーロッパ各地で激しい抗議運動が展開された。政府は減刑を決定したが、国内での締め付けを強化する一方、「キリスト＝王のゲリラ」などの極右組織による反体制派への襲撃を警察黙認の下で行なわせた。

一九七三年六月、フランコは兼任していた首相職をカレーロ・ブランコ提督に譲った。しかし、フランコ死後の体制継続の準備を担うはずのカレーロは、同年一二月、ＥＴＡによって爆殺された。体制内の「開放派」はこれを好機ととらえ、一九七四年一月に首相となったアリアス・ナバーロは一定の政治結社の容認に動いた（「二月一二日の精神」と呼ばれる演説）。しかし、強硬的姿勢をとるブンケル（フランコ体制存続の強硬派）の抵抗で、この限定的改革も頓挫した。

一九七四年七月に入院を余儀なくされたフランコは、ファン・カルロスを臨時元首に就かせるも九月に元首に復帰し、まさに独裁末期を象徴する強圧政策を採った。一九七五年八月にテロリスト取締法を制定し、九月にはブルゴス裁判時とは異なり国内外の批判に耳を貸さずにＥＴＡなどの活動家五人を処刑した。

この頃モロッコは西サハラ領有を主張して「緑の行進」を組織するが、病に侵されたフランコにはもはや対処する力がなかった。一九七五年一一月二〇日、フランコは八三歳を前に死去した。アリアス首相は、フランコ総統のおかげで「すべてがしっかりと結びついている」と主張したが、守旧的体制の継続はもはや不可能であった。

一九七〇年代に入ると反体制運動は、組織化を進めていく。カタルーニャでは反体制派を結集した「カタルーニャ会議」が七一年につくられて「自由、恩赦、自治憲章」が共通目標とされた。七四年七月には共産党を中心に「民主評議会」が、一九七五年六月には社会労働党などによって「民主勢力結集綱領」が結成された。両者は同年九月に共同宣言を発表して、全国統一行動による独裁の打倒を呼びかけた。

こうした反体制派による呼びかけは、この時点では独裁権力を前に広範な大衆動員にはいたらなかったが、フランコ亡き後の政治が自由と民主主義、政治的恩赦、そして地域自治の要求を無視できなくなることは明白だった。

第 *10* 講

民主化の進展と自治州国家体制

1970 年代〜現在

フアン・カルロス 1 世の新国王即位の宣誓(1975 年 11 月 22 日)

1976	スアレス政権発足
	政治改革法，国民投票で承認
1977	1936年以来初の民主的総選挙，UCD(民主中道連合)が勝利
	モンクロア協定
1978	1978年憲法，国民投票で承認
1979	カタルーニャとバスクで自治州成立
1980	カタルーニャ自治州議会選挙でCiU(集中と統一)が勝利．プジョル，州首相となる(〜2003)
1981	クーデタ未遂事件(23-F)
	カルボ＝ソテーロ首相(〜1982)
1982	NATO(北大西洋条約機構)に加盟
	総選挙でPSOE(社会労働党)が圧勝．ゴンサレス，首相に就任(〜1996)
1983	全国17自治州の設置完了
1986	EC(ヨーロッパ共同体)に加盟
	NATO参加見直しを問う国民投票，僅差で残留が決定
1992	セビーリャ万博，バルセローナ・オリンピック開催
1996	総選挙でPP(国民党)が勝利．アスナール，首相に就任(〜2004)
2003	バスク州首相イバレチェ，イバレチェ計画を策定
2004	マドリード同時列車爆破テロ(11-M)
	総選挙でPSOEが勝利．サパテーロ，首相に就任(〜2011)
2006	カタルーニャ新自治憲章承認
2007	歴史的記憶法制定
2010	カタルーニャ新自治憲章の一部違憲判決．この頃からカタルーニャで独立派の運動が高揚
2011	15-M運動開始
	ETA，武装闘争停止を最終的に宣言
	総選挙でPPが圧勝，ラホイ政権(〜2018)
2014	フアン・カルロス1世退位，フェリペ6世即位
2015	総選挙で市民党とポデモスが躍進，政治は多党分立になる
2017	カタルーニャで違憲の「民族自決権レファレンダム」強行
2018	ラホイ内閣不信任案可決．PSOEサンチェス政権成立
2019	総選挙で極右政党Vox台頭
	フランコの遺骸，「戦没者の谷十字架教会」から撤去
2020	サンチェス，PSOE＝ポデモス連立政権を発足(〜現在)

1　民主化と一九七八年憲法

一九七六年春、反体制派勢力は民主大連合に大同団結し、フランコ体制改革派とも接触して、民主化の可能性を探った。一方で、労働争議が活発化し、三月、バスクのビトリア市でのゼネストで警官隊との衝突で五人の死者が出た。五月にはフランコ体制堅持派と反体制派が衝突し、反体制派に二人の死者が出た。

スアレスのリーダーシップ

フアン・カルロス国王は、手に入れたブルボン王政安定のためには、政治の民主化が不可欠だと内心決断したと思われる。七月、国王は四三歳のアドルフォ・スアレスを首相に抜擢した。スアレスはそれまでに国民運動事務局長などを務めており、マスコミなどからは酷評されたが、国王の信頼の下、スペインを「権威主義体制」からの訣別に導くのに成功した。

スアレスが就任後ただちに着手したのは、政治改革法で、既存のコルテスを普通選挙によって議員が選出される上下両院に変えることであった。ブンケルの反対に遭ったものの一二月、国民投票に付して圧倒的賛成を得た。だが、政党活動自由化にとって最大の課題は、共産党の扱いだった。一九七七年一月に、共産党系の弁護士事務所が極右勢力に襲われて、五人が殺害された。だが共産党がテロリストの挑発に乗らない姿勢を見せたことで状況は好転し、スアレスは、四月に共産党を合法化した。

六月には四一年ぶりの民主的な総選挙が実施され、七九%という高い投票率を示した。スアレスを党首としたUCD(民主中道連合)が第一党となり(三五〇議席中一六五議席)、PSOE(社会労働党)が第二党となった(一一八議席)。急進左翼のイメージを拭えなかった共産党は惨敗し(二〇議席)、フランコ体制残滓と見なされたAP(国民同盟)も同様の結果となった(一六議席)。スアレスが政権を再び担うことになり、七月には新憲法制定を目指して憲法委員会を発足させた。

こうしてスペインは、順調に民主主義への移行期に入った。この政治的安定には左派勢力が「移行期の正義」(民主化以前の旧政権の犯罪を問い、正義を回復しようとする姿勢)を声高に唱えなかったことが大きい。内戦とフランコ独裁期に数々の犠牲者をだした責任の追及は避けられ、スペインを民主主義国家とすることが優先された。再び内戦を繰り返さないという思いが共有されていたともいえる。この「正義」が問題化するのは、二一世紀になってからである。

一九七七年一〇月、与野党合意で「モンクロア協定」が結ばれ、政府は経済危機対策に着手した。第二共和政期に自治地域となったカタルーニャに暫定自治政府が認められた。さらに、恩赦法が国会を通過して、フランコ体制下の政治犯の釈放がなされた。政治的パージを受けた人びとへの補償も決められた。

一九七八年憲法

現行憲法は、スペイン国民の「和解」のプロセスの成果であった。憲法条文作成にあたった起草委員会は、下院の党派構成に基づいてバランスが図られ、UCDから三人、PSOE、共産党、AP、カタルーニャ議員グループ（形式的にはバスクも代表）から各一人の七名だった。彼らはのちに「憲法の父たち」と呼ばれるが、党派利害を超えて会議を重ね、スペインを「社会的・民主的な法治国家」であると宣言する憲法草案を作成した。懸案となった地域自治問題に関しては、後述するように、「民族体」と「地域」に自治権を認めるとされた。政治体制に関しては、議会君主制の原則のうえに王政を維持するとされた。その後、上下両院での様々な条文修正がなされ、一九七八年一〇月の国会承認を受けて、一二月六日に国民投票で成立した。全国の投票率は六七％で、賛成は八八％だった。しかしバスクでは、民族自決権にこだわるPNVの棄権宣伝もあって、投票率は五〇％にとどまった。

10-1　1978年憲法草案を策定した7人の「憲法の父たち」

一九七八年憲法の条文で際立つのは、前文で「民主的共存」、「〔すべての地方の〕文化と伝統、言語及び制度」、「〔すべての人びとの〕尊厳ある生活」を保障すると謳っていることである。こうしてスペインは、権威主義的・中央集権的フランコ体制との訣別を告げて、制度的には民主主義への移行を果たし、複数政党制・議院内閣制に基づく民主国家・民主的社会となった。

なお、スペイン国家を長く煩わせてきた国家と宗教との関係については、第一六条で「思想、宗教、信仰の自由」の保障が謳われ、「いかなる宗教も国家的性格をもたない」として政教分離が明確にされた。ただし、「スペイン社会における宗教的心情に配慮する」とされ、その後、宗教団体への補助金交付に関してカトリック教会が優遇される根拠となっている。

フランコ主義者の抗いの失敗

スアレス政権は一九七九年三月の総選挙に勝利したが、UCDは中道や中道右派の政治勢力の寄せ集めで、具体的政策実現の段階に入ると党内各派に不協和音が広がった。七九年にバスクやカタルーニャの暫定自治政府は自治州政府になるが、自治州への権限移譲の度合いをめぐって、党内は大混乱した。同年には第二次石油危機による不況が深刻化し失業者が増加する一方、軍や警察を標的としたETAによるテロ行為が活発化し、極右集団のテロがこれに応えた。七九年には、ETAが七八人、極右が六人、八〇年にはそれぞれ九六人、二〇人の殺害を実行している。

UCDの内部分裂をまえにスアレスは一九八一年一月に辞任を表明し、カルボ＝ソテーロが後を継いだ。しかし二月二三日、カルボ＝ソテーロの首相信任投票のただ中に、テヘーロ治安警察中佐が率いる部隊が国会に突入し、下院議員を人質にとって国王を中心とする軍事政権復活を要求した。

バレンシアでは方面軍司令官ミランス・デル・ボッシュが街頭に戦車を走らせた。だが、そうした行動に軍や治安警察からの同調者は少なく、国王ファン・カルロスの毅然とした対応もあってクーデタは失敗した(「23－F」事件)。

二月二七日には民主主義と憲法体制擁護を訴える約三〇〇万人の示威行動が全国を覆った。一九七八年憲法体制は、逆にこの事件を経て正当性を獲得したといえる。カルボ＝ソテーロ政権は、自治州成立のプロセスを進めて、八二年にはLOAPA(自治プロセス調整基本法)をPSOEの協力を取り付けて制定した。さらにNATO(北大西洋条約機構)への加盟を実現したが、これは軍組織の近代化をもたらし、軍クーデタの可能性を払拭した。また八一年には離婚法も成立させたが、これは右派の反発を招いて、UCDの分裂を速めた。

10-2 国会を占拠して拳銃を掲げるテヘーロ治安警察中佐(1981年2月23日)

一九八二年一〇月の総選挙実施と一二月の社会労働党政権誕生は、民主主義への移行が社会的にも実現したことを明らかにした。マルクス主義政党の定義を綱領から外したPSOEは、「変革のために」をスローガンとして、ゴンサレス書記長の清新なイメージを売りにして、圧勝した(四八％の得票率で二〇二議席を獲得)。UCDと共産党は弱小勢力に転落し、UCDの受け皿ともなったAPは、一〇六議席にとどまった。ここから一四年間のゴンサレス穏健左翼政権の時代が始まった。

2 自治州国家体制の成立

民族体と自治州

新憲法を策定した諸党派は、国家と地域の関係について、分離主義的な地域ナショナリズムと中央集権的な国家ナショナリズムの両極の主張を退けて、妥協的な内容で合意した。スペインをネーションと規定して、その「揺るぎない一体性」を謳う一方、カタルーニャなどの少数言語＝民族地域には「地域（レヒオン）」とは異なる「民族体（ナシオナリダー）」の用語をあてることになった。主権国家であるスペイン・ネーションに包摂される民族体が築く政治体は、国家の専管事項（外交、国防、司法など）を除いたうえで大幅な権限移譲を認められたものの、民族自決権の余地はない「自治州（コムニダー・アウトノマ）」となった。

すでに第二共和政期に住民投票で自治憲章案が承認され、地方固有言語をもつカタルーニャ、バスク、ガリシア（「歴史的自治州」と称される）には、一九七九年、憲法第一五一条に基づいて自治州が設置され、直ちに広範な権限を享受した。紆余曲折があったものの、強い地域アイデンティティをもつアンダルシーアも、一九八一年、第一五一条に基づいて住民投票を経て自治州となった。スペ

イン の残る地域(結果的に一三の単位にまとまる)も、地方分権化の強い流れのなかで、経済的・社会的利害に応じてまとまりをもち、第一四三条に基づく自治州となっていく。歴史的自治州と違ってこれらの自治州は住民投票を要件とせずに成立し、自治権限はより小さいとされた。

ところで新憲法第三条の言語規定は、多言語国家スペインの国家と地域の微妙な関係を照らし出す。「カスティーリャ語」を「国家の公用スペイン語」と定めて、すべてのスペイン国民がその使用の義務と権利をもつと謳う一方、「その他のスペインの諸言語」も「自治憲章に基づく自治州の「公用語」であるとして、地方固有言語をもつ地域の二言語併用を認め、さらに「スペインにおける言語様態の豊かさ」は「尊重と保護の対象たる文化財」であると宣言している。だが、とくに歴史的自治州での地方固有言語と国家公用語との関係がどうなるのかは、曖昧なままに残された。

一七自治州の成立

中央政府が各自治州の権限をできるだけ同質化しようとした上述のＬＯＡＰＡには、カタルーニャとバスクの両自治州政府が反発し、憲法裁判所に違憲であると訴えた。一九八三年八月、憲法裁判所は、憲法ではなく制定法によって自治権限の同質化を図ることは違憲であるとして、全三八条のうち一四条を無効とした。この間も自治州形成プロセス自体は進行し、一九八三年二月までに一七自治州からなる地方分権的自治州国家体制が完成した。

北アフリカに「飛び地」としてもつセウタとメリーリャは、この時点では特別自治都市とされたが、一九九五年には法的に一七自治州と同列となった。これは、モロッコの領土返還の要求には屈しないという対外的表明であった。

この自治州国家体制は、自治州を設置することが課題として先行して、具体的な自治権の中身についての議論は深められていなかった。歴史的自治州の各領域に異論はなかったが、マドリードやカンタブリアは単一県から自治州になったのに対し、カスティーリャ・イ・レオン、カスティーリャ＝ラ・マンチャ、アンダルシーアのように複数県の領域からなる広大な自治州も生まれた。何よりも、固有言語をもつ歴史的自治州のカタルーニャ、バスク、ガリシアは、このときは「民族体」という規定に甘んじたものの、自治権は民族的権利に由来すると捉えており、行政的地方分権化で成立した他の自治州と自治権限が横並びとなることは許容できなかった。

その後、とくにカタルーニャ州政府とバスク州政府は、それぞれの自治憲章の改定を目指し、自治権限を拡大するとともに、自分たちが「ネーション」であること、したがって民族自決権をもつことを要求し始めた。この動きに反発して州ごとの自治権限の対等化を求める声、さらにはカタルーニャやバスクを分離主義として非難する声が高まっていった。一九九八年には三つの歴史的自治州の各民族主義政党が共同声明「バルセローナ宣言」を出して、民主主義の二〇年が経過してもスペインの「多民族性」の問題が解決されていないとして、自治州国家体制の見直しを要求した。後述するように、二一世紀に入るとこの対立は大きく政治問題化する。

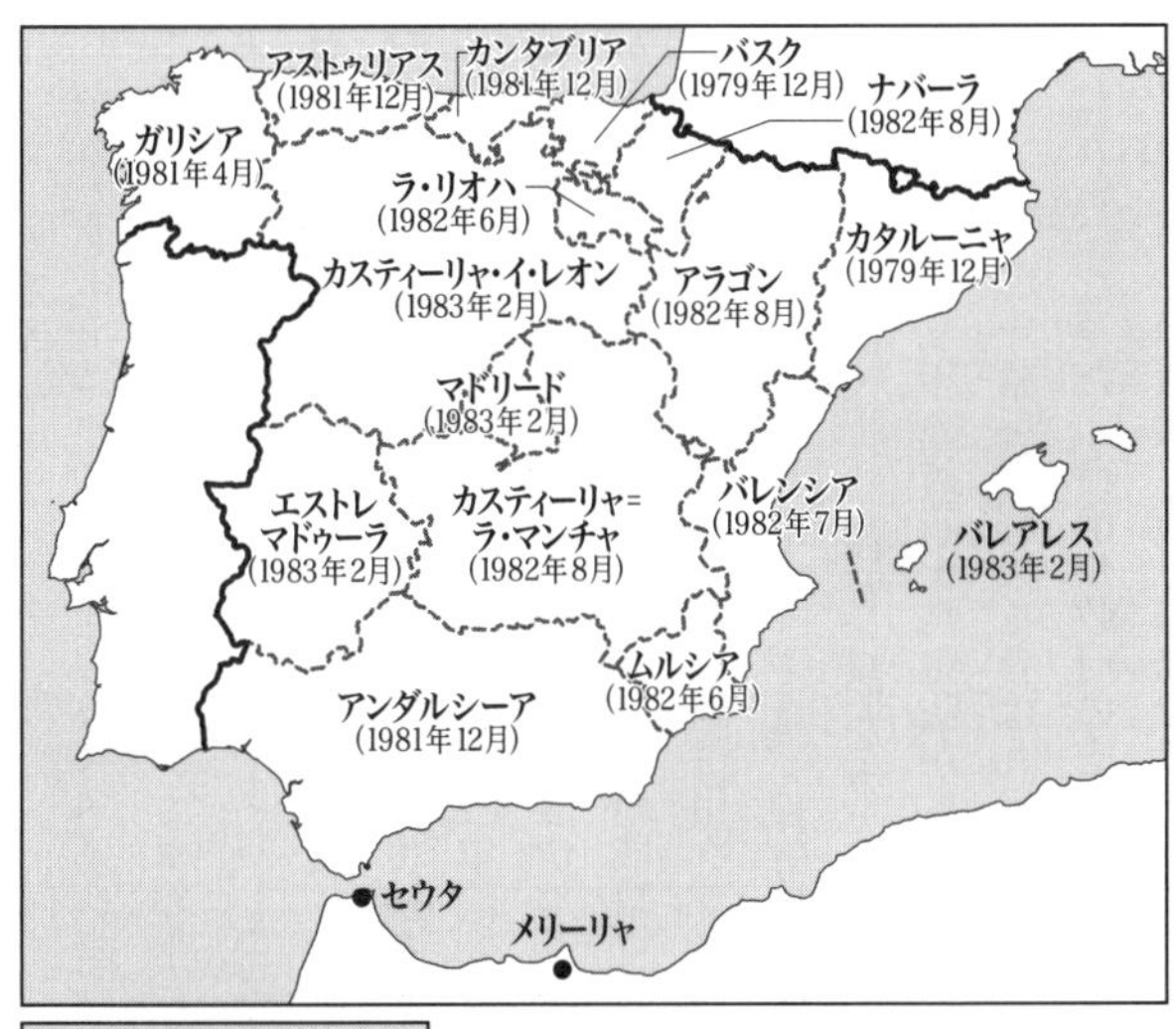

1978年憲法にもとづいて，各地域に自治州が設置された．
(　)内は自治憲章制定の年月．
セウタとメリーリャは，当初は特別自治都市であったが，1995年3月に同列となった．

10-3　自治州国家体制の成立

歴史的自治州と言語正常化

一九七八年憲法の規定に従って、現在、州内公用語をもつ自治州は六つで、カタルーニャ、バレアレス、バレンシアではカタルーニャ語（バレンシアではバレンシア語と称される）、ガリシアでガリシア語、バスクとナバーラでバスク語が、それぞれスペイン語とともに公用語となっている。そのほかにもローカルな固有言語がいくつか存在する。

近代以後、国家公用語であるスペイン語以外は学校教育で認められず、フランコ体制下での抑圧を経験して、地方固有言語はディグロッシーの状態(国家語と地域語が併存するが、後者は社会的・文化的に下位機能を担う)に置かれていた。しかもカタルーニャには他地域のスペイン語話者が大量に流入し、カタルーニャ語の母語話者は約半数になり、一九七五年の段階で、カタルーニャ語を理解する者七四%、話せる者五三%、書ける者はわずか一四・五%だった。バスクは、もともと域外からの流入者が多いほかに、バスク語が非ロマンス語であるという特殊性もあって、母語話者は二割に達していなかった。一方、ガリシアでは母語話者は六割に近かったが、言語復権を求める地域ナショナリズムの力は弱かった。

こうした状況を反映して、一九八〇年代以後、ディグロッシー状態を解消する「言語正常化」に着手するが、自治州ごとの相違は大きかった。それぞれに地域語を学ぶための科目は初等教育段階から用意されるが、ガリシアでは、地域語での教育実施は限られている。バスクでは、バスク語クラス、スペイン語クラス、両言語併用クラスの三モデルを採用している。

これに対してカタルーニャでは、保守民族政党CiU(集中と統一)の政権下(一九八〇〜二〇〇三年のプジョルの長期政権)、教育言語をカタルーニャ語に限る「イマージョン(言語漬け)教育」政策が採用された。八三年の言語正常化法から九八年の言語政策法へと続く一連の流れのなかで、八六年にはカタルーニャ語を理解する者は九〇%、話せる者は六四%だったが、九六年にはそれぞれ九六%と七五%になった。自治州政府の支援でカタルーニャ語を用いるマスメディアが創設されたことも、カタルーニャ語普及に貢献したのはいうまでもない。

二〇一〇年代にカタルーニャ・ナショナリズムが高揚するなかで、中央政府によるカタルーニャ語抑圧がフランコ時代に比して云々されるが、この間の言語復権の到達度を考慮すればこれは当たらない。カタルーニャ語話者の地域アイデンティティが強化される一方、同地域の内外から、教育言語をカタルーニャ語に限定することへの批判、また教育内容に関しての地域ナショナリズム的偏重への危惧も生じていた。

3　社会労働党と国民党の政権交代

ゴンサレスの社会労働党政権

PSOEのゴンサレス政権は、当初はNATO加盟に反対していたが、一九八六年三月、是非を国民投票にかけるかたちで継続を決定した。投票率は六〇%で賛成が五三%に過ぎなかったのは、国論が二分されていたことの証左である。だが、結果的にはスペイン軍の職業軍人化、文民統制の確立という加盟継続のメリットが勝った。

欧州統合への参加にも成功した。共通農業政策などの影響にも緩和政策を引き出し、一九八六年、スペインはポルトガルとともに念願のEC加盟を果たした。その後、相対的に安価な労働力に魅力を感じる外国企業の直接投資が活発化し、九一年までは他のヨーロッパ諸国を上回る経済成長率を達成した。

一九九二年には、セビーリャ万博とバルセローナ・オリンピックを開催し、新しいスペインの姿を世界に知らしめた。しかしその経済的効果は期待されたほどではなかった。九一年末から成長局面に翳りが見えていたが、九三年には国内総生産が赤字に転じ、就業者数が大きく減少した。失業率は、九一年の一六%から九四年には二五%になった。新自由主義ともいえる経済・財政政策に反発する二大労組のUGT（労働者総同盟）とCCOO（労働者委員会）は八八年に続いて、九二年、九四年と抗議ゼネストを繰り返した。

この頃から、政権腐敗が明らかになった。政治行政と産業界の癒着はフランコ時代の特徴をなしたが、一九八二年に「清廉な一〇〇年」と自らの歩みを誇示したPSOEも、長期政権のなかでその悪弊に染まったのである。さらにETAメンバーに対する襲撃行為を行なっていたGAL（解放のための反テロリスト集団）の活動を内務省が容認していたことが暴露された。汚職やテロ行為の政治文化が温存されていたことは、「移行期の正義」が問われなかったことが原因だったともいえる。

一九八九年にAPは、PP（国民党）へと政党名を変え、新党首アスナールが中道右派路線を打ち出した。新鮮なイメージで臨んだ九六年総選挙で、アスナールが勝利し、ゴンサレスは下野した。

民主化とEU加盟を達成したスペインは、この時期からラテンアメリカ諸国との関係強化に乗り出し、EUとラテンアメリカの橋渡し役を演じるようになった。一九九一年にはスペインが主導して、第一回イベロアメリカ・サミットを成功させ、以後このサミットはスペイン語・ポルトガル語圏諸国二二カ国の連帯の場となっている。さらにスペイン語とスペイン語圏諸国の文化の普及を文化外交として積極的に展開し始めたことが注目される。一九九一年にはドイツのゲーテ・インスティトゥートに倣って創設されたインスティトゥト・セルバンテスは、世界四五カ国、八八都市に展開している。

アスナールの国民党政権

この後、中道右派のPPと中道左派のPSOEが、時に応じて左右民族政党や左翼政党の閣外協力を得つつ、二〇一一年まで二大政党制の時代を築いた。注意したいが、この時期のPPにフランコ主義の継承を見るのは誤りである。後述するように、極右政党の台頭は二〇一〇年代に入ってからであり、ヨーロッパ諸国に共通の移民問題とスペインに固有な地域ナショナリズム問題が関連する。

カタルーニャの保守政党CiUの協力を得つつ、アスナール政権は新自由主義に基づいた財政再建に取り組み、大幅な民営化によって公的赤字を削減して、一九九九年一月の欧州統一通貨ユーロの導入を実現した。この時期、ヨーロッパ経済も堅調で、これに牽引されてスペイン経済は、不動産業・建設業を中心に大きく伸長した。これにはスペインが、人口をはるかに上回る外国人観光客を受け入れる観光立国であることも大きく与った(二〇〇〇年に人口は四〇〇〇万人で外国人観光客は五〇〇〇万人)。

スペインは伝統的に移民送り出し国であったが、一九九〇年代には受け入れ国に転じ、人口に占める外国人の割合は、九一年の〇・九%が、九八年には一・六%となり、二〇一〇年には一二・二%に達している。北アフリカや中南米からの外国人労働者受け入れは、スペインの社会問題となり、アスナール政権は二〇〇〇年に外国人法を成立させて、入国制限を実施しようとしたが、農業や建築業での労働力需要から非正規移民の数は増え続けた。その後、二〇〇八年リーマン・ショックの影響で不動産バブルがはじけて経済が悪化し、その割合は漸減したが、今なお全人口の約一割を占める外国人の処遇をどうするかは大きな課題である。

アスナールは、好景気を背景に積極的な国際協力外交を展開したが、これが躓きの原因になった。対米関係を重視したイラク戦争への派兵には反対の声が大きかったものの、二〇〇四年三月の総選挙では圧勝が予想されていた。しかし三月一一日にマドリード同時多発テロ(一九三名の犠牲者を出す)が起きて状況は一変した。当初政府はETAの犯行であると発表したが、イスラーム過激派による犯行と判明した。総選挙は、イラクからの即時撤退を掲げたPSOEが勝利した。

サパテーロの社会労働党政権

PSOEは第一党に返り咲いたとはいえ、三五〇議席中一六四議席と過半数に届かなかった。対してPPは議席を減らしたとはいえ一四八議席を保持した。好調な経済を引き継いだサパテーロ首相は、IU(統一左翼)の支援を引き出しつつ、社会福祉の拡充に努めた。女性閣僚の数も大幅に増やし、同性婚の合法化やリベラルな女性政策・家族政策に力をいれた。非正規移民の合法化も大きく前進させた。

サパテーロは自らを第二共和国のアサーニャに準えることを好んだとされる。軍人であった祖父はスペイン内戦初期に反乱軍に処刑されていた。二〇〇七年一〇月に成立させた「歴史的記憶法」は、内戦中と内戦後に抑圧・虐殺された人びとの名誉回復と補償、さらに街頭や公的施設からフランコ体制を想起させるモニュメントを撤去することを内容とした。農村部ではとくに、恐怖が関係者を長く沈黙させていたが、二〇世紀末にようやく犠牲者の家族が「記憶」を語りだす。二〇〇〇年に「歴史的記憶回復協会」が設立されて、ぞんざいに埋められていた遺骸の発見・掘り起こし作業が始められており、政府はこの改葬作業を財政面で支援することになった。

ただ、内戦から約七〇年が、フランコ死去から約三〇年が過ぎていたとはいえ、歴史的過去についての合意形成は難しかった。PPは「古傷」をえぐる措置だとして、ERCはフランコ独裁弾劾が十分でないとして法案に反対した。二〇一一年に政権を取り戻したPPのラホイ政権は、歴史的記憶法の実施にかかわる予算を大幅に削減する。

10-4 最後のフランコ騎馬像のおおやけの場からの撤去(サンタンデール市, 2008年12月17日)

　長年の懸案であったETAのテロ活動は、終息に向かった。二〇〇〇年代に入っても爆弾テロを行なってはいたが、民主化以後、バスクではテロによる分離独立を訴える勢力は激減した。スペイン政府はフランス政府との連携を強め、さらに弱体化したETAは二〇一一年一〇月に武装闘争停止を最終的に宣言し、サパテーロはこれを「法治国家の勝利」と称えた。なお、二〇一七年には完全武装解除を行ない、翌年五月に組織は解体した。

ところで、バスク自治州では二〇〇三年、PNVのイバレチェ州首相が自治憲章の改正を目指して「イバレチェ計画」を策定し、そこにバスク人民の「自決権」を盛り込んだ。この計画は僅差で州議会を通過したが、スペイン国会で否決された。二〇〇八年には「民意調査」を強行して州住民の意思を表明しようとしたが、憲法裁判所の違憲判決に従って断念した。二〇〇九年には非バスク民族主義の州政府となって、当面、事態は沈静化した。

二〇〇八年三月の総選挙は、この間のサパテーロのリベラルな政策の是非を問う意味があったが、PSOEは一六九議席、PPは一五四議席とほぼ拮抗して、世論の評価は二分していた。だが二期目に入るとサパテーロは、同年のリーマン・ショックと、二〇一〇年の欧州債務危機の影響を受けて、大胆な金融・財政政策に取り組まねばならなくなった。PPとの合意の下、憲法第一三五条第二項を改正してEU基準に基づいた公的債務抑制に着手し、労働時間削減や解雇条件緩和などの労働市場改革を実施した。

しかし社会的経済的格差の是正は不十分で、不安定な状態に置かれた若者を中心に「既成勢力」

への批判が高まった。二〇一一年五月一五日にマドリードで始まった「未来のない若者」による広場占拠運動は各地に広まった(「15－M」運動)。既成政党に不信を抱く市民運動のうねりは、やがてスペイン政治を多党分立へと変えていく。

同年一一月に実施された総選挙は、PSOEの惨敗をもたらした。議席数を五九も減らして一一〇議席とし、得票率も二九％だった。対してPPは、四五％で一八六議席と議会の安定多数を獲得した。ラホイ政権の誕生である。

4　クオ・ヴァディス

ラホイの国民党政権

圧勝を果たしたラホイだが、経済危機対策に関しては、サパテーロ政権の新自由主義的政策をさらに加速させて、財政の緊縮策を強化した。二〇一三年には再び労働市場改革を実施して、解雇条件のさらなる緩和を行なった。結果、失業率は減少傾向にあるものの、雇用の不安定さも増した。

ラホイ政権の国内政治を見ると、とくにカタルーニャ自治州への強硬姿勢が目立つ。カタルーニャでは地域アイデンティティが強まるなか、PSOEサパテーロ政権との交渉で、二〇〇六年に自治憲章の改定に漕ぎつけていたが、当時野党であったPPは違憲立法審査を憲法裁判所に請求し、二〇一〇年、同憲章の一四の条文が違憲とされた。これにはカタルーニャの人びとの反発が大きく、CiU党首マスは、カタルーニャ人民の「自決権」を唱えて、スペインからの「独立プロセス」を日程に乗せ、一気に中央政府との緊張を高めた。

ここからカタルーニャ内の独立支持派の割合が高まるが、それでも五割に達することはなかった。カタルーニャ州ではカタルーニャ語母語話者とスペイン語母語話者の間、さらには農村地域の人びとと工業地域の人びとの間に帰属意識の大きな相違があって、一様に独立を目指すカタルーニャ人民として括ることはできない。にもかかわらず、州議会で多数派を形成しているとして、二〇一六年にマスに代わって州首相となったプッチダモンは、二〇一七年一〇月、違憲の「民族自決権レファレンダム」を強行した。投票率は四三%に過ぎなかったが賛成が九割を超えたとし、「独立宣言」を州議会で採択したのである。しかしラホイは、強硬姿勢を維持し、カタルーニャ問題の政治的解決を目指さなかった。プッチダモンは罷免されたが、カタルーニャ問題はいまなお解決の糸口が見いだせない。現状では、独立支持派の人びとが半数近くであることも事実である。

PPは、APから変わって右派中道政党になったものの、とくに地方支部での汚職体質を拭うことができなかった。二〇〇七年に発覚したPP関係者の大規模汚職事件(会計責任者の苗字コレア(ドイツ語ではギュルテル)にちなんで「ギュルテル事件」と呼ばれる)は、次第に全貌が明らかになり、PPにとって大打撃となった。贈賄疑獄の信憑性が深まるなか二〇一五年一二月に行なわれた総選挙の結果、ＰＰは一二三議席へと激減したがＰＳＯＥも九〇議席にとどまった。一一年の市民運動を起点に既成政党批判の動きが高まり、中道の市民党（シウダダーノス）が四〇議席を、左派のポデモスは六九議席を獲得し、スペインの政党の構図は大きく塗り替えられ、多党分立となった。

比較第一党のラホイ率いるＰＰは暫定政権となり、政権樹立を目指して他党との様々な駆け引きを行ない、二〇一六年六月に出直し総選挙を行なうが、議席数一三七でやはり少数の第一党であった。同年一一月に新内閣発足に至るが、政権基盤は脆弱だった。そして一八年五月、ギュルテル事件を含む汚職事件がＰＰ幹部におよぶことがわかると、他党の支援を受けてＰＳＯＥはラホイ内閣不信任案を提出し、六月一日、賛成一八〇票、反対一六九票で、ＰＳＯＥのサンチェス首相就任が決まった。

サンチェスの単独政権から連立政権へ

首相となったとはいえＰＳＯＥの議席数はわずか八五であった。一七人の閣僚のうち一一人が女性となるなど新鮮さを打ち出すが、議会運営は困難であった。二〇一九年四月の総選挙では第一党となったが、議席数は一二三であった。ＰＰはさらに落ち込み六六議席となった。市民党は五七議席、左翼連合（ポデモスとＩＵ）は四二議席で、極右政党Ｖｏｘは二四、その他の民族主義政党・地域主義政党が四七であった。同年一一月、再度の総選挙に打って出るが、ＰＳＯＥの議席数は一二〇と横ばいだった。サンチェスは単独政権を諦めて、翌年一月、左派政党との連立政権を発足させた。連立政権は第二共和政期以後はじめてのことである。

サンチェスは、ラホイ政権が事実上停止していた歴史的記憶法の推進に力をいれている。二〇一九年一〇月には、フランコの遺骸を一九七五年一一月に埋葬されていた「戦没者の谷十字架教会」からマドリード郊外のフランコ家墓所に改葬して、フランコ主義者にとっての聖地とされた戦没者の谷のシンボル性を排除した。さらに二〇二〇年九月、「歴史的記憶新法」の制定を閣議決定して、二一年の採択を目指すとした。フランコ主義の賛美を禁じ、違反行為に高額の罰金を科すこと、学校教育でフランコ独裁が人権蹂躙の体制だったことを盛り込むことが骨子とされる。

しかしPSOEの政治家によるこうした動きには、主に保守系の歴史家たちから、「古傷」をえぐるばかりか、ジョージ・オーウェルの小説に準えてこれは「真理省」の設置に等しいという批判の声が上がっている(「歴史と自由の宣言」)。「移行期の正義」を問わなかったスペインで、いま歴史的過去の人権侵害をどう教訓化するかは、政治的利害を離れて真剣に議論されるべきであろう。

現在までサンチェスは、ヨーロッパがアフリカからの移民を受け入れることにも肯定的である。二〇一八年六月と八月、イタリアやマルタが拒絶した移民船の到来にスペインは人道的配慮からとして受け入れを決断した。スペインは、ドイツやフランスとの連携によって、ヨーロッパレベルでの解決策を模索しているといえる。しかしPPや市民党はこの姿勢に批判的で、アフリカからの不法移民の「呼び水」となっていると非難している。

複雑化したカタルーニャ問題に関しては、PP政権と同様に「自決権」と住民「レファレンダム」を容認しないが、一九七八年憲法体制の枠組みでの独立派諸政党との対話の方向に転じた。連立政権が予算を国会で通過させるためにERCの支持が必要だという事情もあると思われる。二〇二〇年九月、サンチェス政権は、カタルーニャで「独立プロセス」を強行したため服役中の政治家たちに特別恩赦適用の手続きに入ると発表したが、これにはPSOE党内ですら反対の声が上がった。同月には、カタルーニャ州首相トーラに対して、選挙活動での違反を問う公務就任権停止の判決が出され、トーラは失脚した。二〇二一年二月、新たな州議会選挙が実施されたが、独立支持派のERC、JxCat(中道右派の民族政党)などが議席数では過半数を得て得票率もかろうじて五〇%を超えた。その一方で反独立派のPSC(カタルーニャ社会党)とVoxが勢力を伸ばした。六月にサンチェス政権は、服役中の九名の恩赦を決定したが、世論の六割近くはこの措置に反対している。サンチェス自身は対話を重視するが、カタルーニャ問題の政治的解決への道筋はまだ見えない。

最近のスペインの政治地図を見るときに、極右政党Voxの台頭が注目される。混迷する政治状況のなかで、移民排斥と地域自治権否定を前面に出して二〇一三年に創設されたVoxは、一五年、一六年の総選挙では約五万票しか集めなかったが、一九年四月には約二七万票で二四議席を獲得し、同年一一月には約三六万票で五二議席に達した。明らかに従来PPに投票していた有権者の一定部分が、汚職事件を重ねるPPに嫌気がさして、より急進的な主張に惹かれていったと思われる。

クオ・ヴァディス

さてこうしたスペインの政治状況は、今後どのようになっていくのだろうか。約四〇年前の民主化の過程では、学生時代に反体制運動家であった学者たちが世論形成に及ぼした影響は大きかった。なかでもマドリード自治大学タマメス教授が著した『スペインよ、どこへ行くのか(クオ・ヴァディス、ヒスパニア)』(一九七六年)は、一種のバイブルになった。経済構造の変革と結びつけて政治的民主化の必要を説き、国民的要求としての「民主主義と政治的恩赦」に加えて、カタルーニャ、バスク、ガリシアの自治権を擁護した。

いまやスペインは自治州国家体制を築き、事実婚や同性婚を認めるなどヨーロッパ諸国のなかでもマイノリティ保護の厚さを誇る民主主義国家となっている。しかし、さまざまな問題を抱えているのも事実である。これから「スペインよ、どこへ行くのか」、主要な課題のいくつかを列挙して、第10講を閉じることにしたい。

その前に、よく言われる誤解を正しておきたい。最近のカタルーニャの動向と絡めて、スペインにおけるフランコ主義の残存が云々されることがある。しかしナショナル・カトリシズムを機軸としたフランコ主義は、もはや社会的影響力をもたない。「カトリック・スペイン」は、各地に残る教会の多さから抱きやすいイメージだが、実際にミサに通うカトリック信者の数は国民の二割に過ぎない(二〇一九年の社会調査)。右翼的ナショナリズムの台頭は、現代の問題として分析されなければならない。

さて、約四〇年前の移行期には、フランコ体制の継承者と目された国王ファン・カルロスは和解と民主化のシンボルとなり、絶大な人気を誇った。しかし数々の不祥事を起こして二〇一四年六月に退位した。王位を継承した息子フェリーペ六世は、禁欲的に国民統合のシンボルたろうと努めているが、王室の存在意義がひろく共有されているとは言い難い。二〇年には汚職疑惑が深まるなかでファン・カルロスは、国外に居を移すことになった。スペインの「揺るぎない一体性」にとってのシンボルが今後どうなるのか、注目したい。

自治州国家体制の在り方も揺らいでいる。一七自治州の成立期には、歴史的自治州とその他の自治州の自治権限の多寡についての議論は避けられたといってよい。しかし歴史的自治州が自治権限を強化するなかで、自治州間の相違は憲法改正の是非を含めて議論しなければならないだろう。先述のタマメスは、「将来のスペイン国家は多民族的に(プルリナシオナル)形作られるだろう」と予測していた。スペインが自治州国家から連邦制国家になるのも一つの可能性だが、それにしても各連邦間の権限の多寡の問題は付きまとう。「ネーション」を志向する諸地域には他の自治州より広範囲な自治権を認めて自治州間の差別化をはかる「不均整な連邦制」の議論は避けて通れないだろう。ただ歴史的自治州内部もまた均質的ではなく、言語権を含めて固有言語話者以外の人びとの諸権利に関する議論も必要だろう。

歴史的記憶法についても課題がある。「移行期の正義」がなされなかった以上、内戦と独裁期に行なわれた弾圧や不当行為の実態ははっきりしない。当時、助産施設で生まれた新生児を修道女たちが無理矢理に奪い、子供を欲しがる家庭に譲っていたという衝撃的事実も最近明らかになっている。独裁期の反人権行為を歴史的事実として暴くことは、民主主義の徹底にとって不可欠である。カスティーリャ・イ・レオン州アビラ県ポヤレス・デル・オヨ村の出来事は、多くのことを考えさせる。歴史的記憶回復の運動が進むなかで、一九三六年一二月に村の反乱軍側支持者が三人の女性を殺害して、共同墓地に投げ入れたことがわかった。歴史的記憶回復協会はこの三人の遺骸を掘り起こして、村営墓地の一角の墓所に改葬した。このことに内外のジャーナリズムは着目し、『ニューヨーク・タイムズ』の記事は、スペイン人たちはついに「フランコの亡霊」に立ち向かったと称賛している。さらに三人の遺骸発掘をテーマに映画「ザ・ブラインド・ムーン」(二〇〇九年製作)もつくられた。

しかし、反乱軍支持者を極右ファシストとして描くだけでは十分でない。共和国支持派の女性がなぜ殺害されたか、そうした状況をうみだした小村の政治社会の分析はなされていない。一九三六年七月に内戦が勃発すると、この村では当初共和国支持派が村の権力を握り、教区教会は村の刑務所となり、八月には司祭が拷問の末に殺された。九月八日に反乱軍の手に落ちるまでに、三〇人もの村人が民兵隊によって殺害されたとされる。「内戦」があるローカルな社会にもたらした悲劇を、二〇世紀ヨーロッパで続いた「荒々しい暴力」(歴史家J・カサノーバの言葉)の問題として冷静に分析することが歴史家に求められている。

最後にコロナ禍に触れておきたい。スペインはイタリアと同様に、人どうしが日常的に接触することが多く、マスクをする習慣もなかった。二〇一〇年から始まった観光キャンペーン「私にはスペインが必要だ」に象徴されるように、豊かな自然と文化をもち、人びとが交わり楽しむスペインの町々は、世界中からの観光客であふれていた。現状では、オーバーツーリズムとは真逆の状態になり、濃厚接触を避けてマスクをつける人びとの生活は厳しい。しかしコロナ禍がいつか終息することは間違いない。さまざまな軋轢と葛藤をうちに抱えながらも、しごく人間的な社会をうみだしてきた多言語・多文化国家スペインが、「クオ・ヴァディス」の諸課題に着実に取り組むことを期待したい。

あとがき

私が初めてスペインの歴史を書いたのは四〇年も前である。東京外国語大学の恩師である原誠先生が企画された『スペイン ハンドブック』(三省堂)に、「歴史」の章を執筆する機会を頂いたのである。ポスト・フランコの研究成果に基づいた通史は、日本では著されていなかった。そこで、慌てて概説書や教科書を読んで、より正確に出来事を叙述したと思う。しかし、スペインの歴史を鳥瞰してその特徴を描きだすには程遠かった。

奉職を得てから、通史を企画・編集する機会を何度か得た。『概説スペイン史』(有斐閣)では、若松隆さんと編者となって、民主化以後の成果を大幅に取り入れた通史に仕上げた。この時、私は一七世紀から一八世紀初頭の時代を担当した。その後は、畏友の関哲行さん、中塚次郎さんがそれぞれ中世史、現代史、私が近世・近代史を専門に実証的研究を進めていたため、三羽烏で共同作業を行なった。

新版世界各国史の『スペイン・ポルトガル史』(山川出版社)では、各時代に最新の研究成果を取り入れるとともに、とくに中世までのスペインとポルトガルの歴史を「イベリアの歴史」として総体として描く試みを行なった。世界歴史大系の『スペイン史』(全二巻、山川出版社)は二部構成として、

第Ⅰ部を「スペインの歴史」、第Ⅱ部を「歴史的地域からの視座」とした。第Ⅰ部では各時代の専門家に、政治史を中心にそれぞれの時代を描いてもらい、第Ⅱ部ではカタルーニャ、バスク、ガリシアの各地域の歴史を扱った。現存国家のスペインを所与のものとする国民史に一石を投じたかったからである。

自分のスペイン通史とのかかわりを振り返ると、一九世紀以後、国民国家となったスペインに拘りつつも、国民史学（ナショナル・ヒストリー）に警戒し、それが創りあげてきた国民アイデンティティに批判的眼差しを向けてきたと思う。私が歴史研究を始めたころには、スペインを論じる際に「国民性」に結び付けるきらいがあったからだ。アメリコ・カストロとサンチェス・アルボルノスの論争も、いつの時点で「スペイン性」が鍛造されたかにあった。

こうした歴史学論争からは自由な文化人類学者カーロ・バローハの仕事に触れることができたのは幸いだった。「実際、国民性について語るのは神話的行為である。それについて話す連中は、ある種の伝統に歩調を合わせているが、科学的に検証される事実に基礎を置いているのではない」という。

私は一九六九年に大学に入り、次第にスペインの歴史に関心をもつが、歴史学は「真実を明らかにする」学問だという考えに囚われていた。七六年に、同期の者から三年も遅れていたが、東京都立大学大学院に進学して遅塚忠躬先生のゼミナリステンになったのは、幸運であった。先生の歴史学に対する姿勢は、大著『史学概論』(東京大学出版会)に結実するが、要となるのは歴史研究が基盤とするのは、「事実立脚性」と「論理整合性」であって、自説を真実だと主張するのは「神々の論争」をもたらす、ということであった。今もなお、カーロ・バローハと遅塚先生の言葉は、私にとって座右の銘となっている。

私自身が還暦を大きく過ぎてから、スペイン通史執筆を依頼されるとは思っていなかった。しかも『10講』という素晴らしいシリーズである。『スペイン ハンドブック』で通史を書いたころの自分の若々しさを思い出し、国民史学が生み出す歴史神話に批判的スタンスをもちつつ一国史を鳥瞰したいと願って、この仕事を引き受けた。なお、国民史学批判に関しては、J・H・エリオット『歴史ができるまで――トランスナショナル・ヒストリーの方法』(岩波現代全書)から刺激を受けている。

執筆に当たっては、私が編者となった概説書に所収の論考を参照したことは言うまでもない。上述のほか、本書の執筆に当たってとくに参照した文献を、参考までに掲げておく。

Julio Valdeón/Joseph Pérez/Santos Juliá, *Historia de España*, Madrid: Espasa, 2006.
Josep Fontana/RamónVillares (dirs.), *Historia de España*, 12 vols., Barcelona: Crítica/Marcial Pons, 2009–2013.
Jordi Canal (dir.), *Historia contemporánea de España*, 2 vol., Madrid: Taurus, 2017.

José Álvarez Junco/Adrian Shubert (eds.), *Nueva historia de la España contemporánea (1808–2018)*, s. l.: Galaxia Gutenberg, 2018.
A・ドミンゲス・オルティス『スペイン 三千年の歴史』昭和堂、二〇〇六年
J・アロステギ・サンチェスほか『スペインの歴史――スペイン高校歴史教科書』明石書店、二〇一四年
立石博高編『概説 近代スペイン文化史』ミネルヴァ書房、二〇一五年
立石博高・内村俊太共編『スペインの歴史を知るための50章』明石書店、二〇一六年

地政学的位置に大きな特徴をもつスペイン(本書第1講で言及)が過去から現代まで辿った歴史を鳥瞰したつもりだが、結果が成功したかどうかは、読者の判断と批判に委ねたい。コロナ禍のなかで本書をまとめあげられたのは、編集者の杉田守康氏の叱咤激励のおかげである。あらためて感謝したい。そしてこの書を、遅きに失したが、亡き遅塚忠躬先生に捧げたい。

二〇二一年初夏　浅間山麓にて

立石博高

立石博高

1951年，神奈川県生まれ．東京都立大学大学院人文科学研究科博士課程中退．同志社大学助教授，東京外国語大学教授，東京外国語大学長をへて，
現在—東京外国語大学名誉教授
専攻—スペイン近世・近代史
著書—『世界の食文化 14 スペイン』(農文協)
『歴史のなかのカタルーニャ』(山川出版社)
『フェリペ2世』(山川出版社)
『スペイン帝国と複合君主政』(編著，昭和堂)
『概説 近代スペイン文化史』(編著，ミネルヴァ書房)
『国民国家と帝国』(共編著，山川出版社)
『国民国家と市民』(共編著，山川出版社)
ヘンリー・ケイメン『スペインの黄金時代』(訳，岩波書店)
J. H. エリオット『歴史ができるまで』(共訳，岩波書店) ほか

スペイン史10講　　岩波新書(新赤版)1896

2021年9月17日　第1刷発行
2023年4月5日　第2刷発行

著　者　立石博高（たていしひろたか）

発行者　坂本政謙

発行所　株式会社 岩波書店
〒101-8002 東京都千代田区一ツ橋2-5-5
案内 03-5210-4000　営業部 03-5210-4111
https://www.iwanami.co.jp/

新書編集部 03-5210-4054
https://www.iwanami.co.jp/sin/

印刷・三陽社　カバー・半七印刷　製本・中永製本

ISBN 978-4-00-431896-5　　Printed in Japan

岩波新書新赤版一〇〇〇点に際して

ひとつの時代が終わったと言われて久しい。だが、その先にいかなる時代を展望するのか、私たちはその輪郭すら描きえていない。二〇世紀から持ち越した課題の多くは、未だ解決の緒を見つけることのできないままであり、二一世紀が新たに招きよせた問題も少なくない。グローバル資本主義の浸透、憎悪の連鎖、暴力の応酬——世界は混沌として深い不安の只中にある。

現代社会においては変化が常態となり、速さと新しさに絶対的な価値が与えられた。消費社会の深化と情報技術の革命は、種々の境界を無くし、人々の生活やコミュニケーションの様式を根底から変容させてきた。ライフスタイルは多様化し、一面では個人の生き方をそれぞれが選びとる時代が始まっている。同時に、新たな格差が生まれ、様々な次元での亀裂や分断が深まっている。社会や歴史に対する意識が揺らぎ、普遍的な理念に対する根本的な懐疑や、現実を変えることへの無力感がひそかに根を張りつつある。そして生きることに誰もが困難を覚える時代が到来している。

しかし、日常生活のそれぞれの場で、自由と民主主義を獲得し実践することを通じて、私たち自身がそうした閉塞を乗り超え、希望の時代の幕開けを告げてゆくことは不可能ではあるまい。そのために、いま求められていること——それは、個と個の間で開かれた対話を積み重ねながら、人間らしく生きることの条件について一人ひとりが粘り強く思考することではないか。その営みの糧となるものが、教養に外ならないと私たちは考える。歴史とは何か、よく生きるとはいかなることか、世界そして人間はどこへ向かうべきなのか——こうした根源的な問いとの格闘が、文化と知の厚みを作り出し、個人と社会を支える基盤としての教養となった。まさにそのような教養への道案内こそ、岩波新書が創刊以来、追求してきたことである。

岩波新書は、日中戦争下の一九三八年一一月に赤版として創刊された。創刊の辞は、道義の精神に則らない日本の行動を憂慮し、批判的精神と良心的行動の欠如を戒めつつ、現代人の現代的教養を刊行の目的とする、と謳っている。以後、青版、黄版、新赤版と装いを改めながら、合計二五〇〇点余りを世に問うてきた。そして、いままた新赤版が一〇〇〇点を迎えたのを機に、人間の理性と良心への信頼を再確認し、それに裏打ちされた文化を培っていく決意を込めて、新しい装丁のもとに再出発したいと思う。一冊一冊から吹き出す新風が一人でも多くの読者の許に届くこと、そして希望ある時代への想像力を豊かにかき立てることを切に願う。

（二〇〇六年四月）